歎異抄

致知出版社

「いつか読んでみたかった日本の名著シリーズ」刊行にあたって

世に名著と呼ばれる本があります。その名前を聞けば誰もが知っていて、内容も何となく聞きかじっている。しかし、「いつか読んでみよう」と思いつつも読むチャンスがない。あるいは、読み始めてみたものの想像以上に難しくて途中で投げ出してしまった……。そんな経験のある人は少なくないかもしれません。

本シリーズは、そうした〝読みたかったけれど読んだことのない〟日本の名著を気軽にお読みいただくために企画されました。いわゆる〝超訳〟ではなく、原文を忠実に訳しながらも可能な限りわかりやすい現代語に置き換えているため、大人はもちろん、中高生でも十分に読破《どくは》できます。また、それぞれの本には読了《どくりょう》のために必要な目安時間も示しています。

ぜひ本シリーズで、一度は読んでみたかった日本の名著の醍醐味《だいごみ》を存分にご堪能《たんのう》ください。

『歎異抄』には写本・版本ともに数本存在するが、本書における原文は、「蓮如本」及び「端の坊永正本」をもとに、文意に相違が来さないように読みやすく書き下し、作成したものである。

はじめに

『歎異抄』は浄土真宗とか日本仏教といった枠組みを超えて、人類の心の書物といっても過言《かごん》ではないでしょう。日本の代表的哲学者西田幾多郎《にしだきたろう》も戦争中、「あらゆる書物が焼失しても、『臨済録《りんざいろく》』と『歎異抄』が残れば我慢できる」といったほどです。もしユネスコが、心の世界遺産を指定登録するとしたら、何よりもまず私はこの『歎異抄』を推薦します。

とかく宗教書というと、抹香臭《まっこうくさ》いとかそんな教養はないからと敬遠されがちですが、この書は、仏教とか宗派とか学問といった枠組みを超えて、それぞれの方のこれまでの生き方から読まれてよいし、またそうあるべきなのです。

明治時代末に初めて、一般の目にも触れるようになって以来、無数の人々によってこの書は語られ、多くの人々の精神的支柱となってきました。また、作家の倉田百三《くらたひゃくぞう》がこの書に感激して『出家とその弟子』を著し、その他、三木清《みききよし》、吉野秀雄《よしのひでお》、吉川英《よしかわえい》治《じ》、丹羽文雄《にわふみお》から最近の吉本隆明《よしもとたかあき》に至るまで、宗教という領域を超えて、まさに数え切れない人々の心をとらえ、八百年の時空を超えてなおも私たちの心を引きつけているのです。

私が初めて『歎異抄』に触れたのは、大学一年生のとき、学園紛争でロックアウトされたキャンパスの外にある木陰《こかげ》のベンチで、西田幾多郎の『善の研究』の中にあった「知と愛」という一章を読んだときでした。やっと古今《ここん》の書物を読み始めたばかりの私には、あまりに難しすぎる書でしたが、不思議とこの章だけは素直に心にしみ入ってくるような気がしました。

しかし、あわてて買い求めた『歎異抄』には、私の度肝《どぎも》を抜くような言葉がたくさんありました。「念仏は、まことに浄土にむまるるたねにてやはんべらん、また地獄《じごく》におつべき業《ごう》にてやはんべるらん」や「善人なをもて往生《おうじょう》をとぐ、いはんや悪人をや」や「親鸞は、父母《ふぼ》の孝養《こうよう》のためとて、一返《いっぺん》にても念仏もうしたること、いまださふらはず」などなど。

この書の本質は「本願を信じ、念仏申さば、仏になる」というただ一言。宗教というものは小難しい理屈や善行《ぜんこう》や長い修行の積み重ねが不可欠と思っていた私に、信じて念仏を称《とな》えればたちどころに救われ、むしろそのような努力こそ救いの邪魔《じゃま》になるというのは、まさに青天の霹靂《へきれき》でした。

中世までの身分社会では、出家して厳しい修行をする者や、地位や財力に任せて寺社に寄進《きしん》する貴族層が「善人」とされており、日々の暮らしに追われ、修行も寄進もかなわない民衆は「悪人」としてさげすまれていました。そこに、悪人正機《あくにんしょうき》すなわち悪人こそ阿弥陀《あみだ》さまが救い取る正客《しょうきゃく》であるという思想が出現したのですから、まさに驚天動地《きょうてんどうち》。今生《こんじょう》のみならず来世にも絶望していた民衆のコンプレックスは一気に雲《うん》散霧消《さんむしょう》したのです。

現代でも『歎異抄』を読んでいると、自らの価値観の基軸《きじく》がだんだん崩れていくような気がします。つまり、『歎異抄』によって自己中心的な尺度《しゃくど》が無限大の生命観や宇宙観に吸い込まれてしまうと、自分が日々あくせくはからっていることの愚かさや卑小《ひしょう》さが、露《あら》わになってくるのです。

さて、巻頭にあたって『歎異抄』の成立とその背景について一言触れておきましょう。この書は長い間、本願寺《ほんがんじ》の文庫の中に秘められたまま、一般の人はもちろん宗門の学徒にさえ、その存在が知られていませんでした。宗門の中でも、この書が研究され始めたのは江戸末期、荻生徂徠《おぎゅうそらい》や本居宣長《もとおりのりなが》一門の影響を受けて実証的・文献学的研究を開始した三河の学問僧・妙音院了祥《みょうおんいんりょうしょう》たちからといってよいでしょう。彼には『歎異抄聞記《ぶんき》』という優れた解説書がありますが、その中で初めて、『歎異抄』の著者がそれまで信じられてきた親鸞聖人の孫の如信《にょしん》ではなく、弟子の唯円房《ゆいえんぼう》であることが明らかになったのです。

しかし、残念なことにこの『歎異抄聞記』もあまり世に知られず、やっと明治時代末に、本願寺の僧であり、宗教改革者でもあった清沢満之《きよざわまんし》があらためて『歎異抄』に注目し、それを熱読、賞揚《しょうよう》し、さらに彼に続く暁烏敏《あけがらすはや》、曽我量深《そがりょうじん》、金子大栄《かねこだいえい》といった優れた弟子たちによって広まり、近代真宗学の隆盛《りゅうせい》の一助となってきたのです。

今日では、親鸞聖人と『歎異抄』は切っても切れない関係にあり、聖人には主著『教行信証《きょうぎょうしんしょう》』をはじめ、多数の著作がありますが、一番読みやすく、しかも聖人の思想の本質が摑《つか》めるのは、何といっても『歎異抄』でしょう。まずここから親鸞という大きな森に分け行っていくことをおすすめいたします。

本書は、日々忙しく仕事などに励んでおられる方々のために、できるだけ読みやすく書かれたものです。各章の配置について、「現代語訳」を先頭に出したのも、忙しい方にはそれだけでも読んでほしいと思ったからです。

続いて「原文」。余裕のある方には原文の持つ香りや格調を味わっていただきたいと思います。一、二度「現代語訳」をお読みになりましたら、あとは「原文」だけを何度も読み返していただくのが私の望みです。

それから「解説」。もとより本書は専門書ではありませんので、私がこれまで考えてきたことを、かなり自由に各章のテーマに合わせて述べてみました。少しでも生きる上でのヒントになれば、著者としてこれに勝る喜びはありません。

歎異抄／目次

装　幀――轡田昭彦
　　　　　坪井朋子
編集協力――柏木孝之
シリーズ企画――アップルシード・エージェンシー
http://appleseed.co.jp/

歎異抄

前序　迷いの源泉

そっと心の中で、親鸞《しんらん》聖人が生きた時代といまとをくらべてみますと、聖人から直《じか》に教えていただいた如来《にょらい》への信心と、かなりずれたことが昨今《さっこん》説かれていますのは、まことに歎《なげ》かわしいことです。

それによって、これから聖人の教えを受け継いでいく人々に、さまざまな戸惑《とまど》いが生まれないかと心配になるのです。

運よく仏法に触れ、救いへ導いてくれる師の教えがなかったら、私たちは阿弥陀《あみだ》さまの本願《ほんがん》を信じて念仏する易行《いぎょう》の道に入ることはできません。自分勝手なはからいで、他力すなわち、阿弥陀さまの本願の力に一途《いちず》に頼るという教えを、決して乱してはなりません。

このような思いから、かつて聖人からお聞きして、耳の底に残っている忘れられない大切なお言葉を、わずかでもここに記しておきましょう。これも、ひとえに本願の呼びかけに応じて、同じ思いで信心する人が惑い疑うことのないようにという気持ちからです。

【原文】

ひそかに愚案《ぐあん》をめぐらして、ほぼ古今《ここん》を勘《かんが》ふるに、先師の口伝《くでん》の真信《しんしん》に異なることを歎《なげ》き、後学《こうがく》相続の疑惑あることを思ふに、幸《さいわい》に有縁《うえん》の知識に依《よ》らずんば、いかでか易行《いぎょう》の一門に入ることを得んや。全く自見《じけん》の覚悟を以《もっ》て他力の宗旨《しゅうし》を乱ることなかれ。よつて、故親鸞聖人の御物語《おんものがたり》のおもむき、耳の底に留まる所いささかこれをしるす。ひとへに同心行者《どうしんぎょうじゃ》の不審を散《さん》ぜんがためなりと、云々《うんぬん》。

【解説】

自分の生き方を反省することなく、いたずらに世間の価値のみを追いかけ回している私たちの姿を、この章では「自見の覚悟」といっております。その見方に固執《こしつ》して、その危うさに気づかずにいると、あらゆるいのちに深い意味を示してくださる、阿弥陀さまの無限のはたらきかけにも、気づかずに終わってしまうことになるのです。

浄土教の中核をなす阿弥陀さまの本願は、私たちすべてを、残らず救わずにおかないという誓願《せいがん》ですが、さらにいえば、その願いとは、私たち一人ひとりの生き方に、そして世界全体に調和をもたらそうとするものなのです。

豊かな人生や高度な文明への私たちの努力は、さまざまな利便をもたらしましたが、他方ではなはだしい格差を生み、それがまた数多くの不調和と抗争を生み出してきました。人間がその能力や条件において等しくつくられていない以上、そこに差が生まれ、嫉妬《しっと》や恨《うら》みが出てくるのは避けられないでしょう。

阿弥陀さまによる、生きとし生けるものすべての救済は絶対平等。人間の側からの自己救済の努力とは、対極にあるといってよいでしょう。自己救済は他者と平等の救済を度外視《どがいし》しがちであり、それが私たちの無意識の中に罪悪感を生み落とすのです。私たちは無限の縁起《えんぎ》によって、万人・万物とつながっているのに、いざ何かを求める段になると、それが見えなくなって、自分さえよければいいという行動に出てしまいます。

修行者のみならず、あらゆる衆生《しゅじょう》を大きな乗り物（教え）で彼岸《ひがん》に渡すという、大乗《だいじょう》仏教の根本原理が「一切衆生悉有仏性《いっさいしゅじょうしつうぶっしょう》」なら、私たちを含む万物の中にも仏さま、阿弥陀さまがおられるということです。ただ、私たちがそれに気づいていないということにすぎません。

この前序の文章も、何とか救われたいとして、自力において右往左往している信徒たちの混乱を前提にして書き出されております。師・親鸞聖人の没後、師の教えの受けとめ方が諸説に乱れるのを歎いて、著者・唯円《ゆいえん》の耳の奥に深く刻まれた教えを、感動と共感をもってうなずきつつ書かれたのがこの前序です。

第一章　安心の生き方

私たちを残らず救おうという大いなる本願《ほんがん》に導かれ、阿弥陀《あみだ》さまと同じ道を歩めるのだと確信して、念仏を称《とな》えようと思うとき、たとえ煩悩《ぼんのう》を抱えたままであっても、私たちには阿弥陀さまの無限の慈愛に包まれた、絶対安心の生き方が与えられるのです。

阿弥陀さまの本願の前には、老若《ろうにゃく》善悪など、あらゆる人間的条件による差などは一切問題になりません。ただ阿弥陀さまの大慈悲にそのまま応じる信心のみが大切と、心得ればよいのです。

なぜ本願を信ずる心一つだけで救われるのかというと、阿弥陀さまは、日々の生活に追われ、さまざまな欲望の虜《とりこ》となって苦しんでいる私たちをこそ救いたいという大慈悲から本願を立てられたからです。

阿弥陀さまの本願を心から信じる限り、救済のために、どのような善行《ぜんこう》も積む必要はありません。阿弥陀さまより賜《たまわ》った、念仏以上の善い行いはないのです。また私たちが日々犯している悪も恐れるに足りません。なぜなら、阿弥陀さまの本願のはたらきを妨《さまた》げるほどの悪は、この世にはないからです。

【原文】

弥陀《みだ》の誓願《せいがん》不思議にたすけられまひらせて、往生をばとぐるなりと信じて、念仏申さんとおもひたつこころのおこるとき、すなはち摂取不捨《せっしゅふしゃ》の利益《りやく》にあづけしめたまふなり。弥陀の本願には、老少・善悪のひとをえらばれず、ただ信心を要《よう》とすとしるべし。そのゆへは、罪悪深重《ざいあくじんじゅう》、煩悩熾盛《ぼんのうしじょう》の衆生《しゅじょう》をたすけんがための願《がん》にまします。しかれば本願を信ぜんには、他の善も要にあらず、念仏にまさるべき善なきがゆへに。悪をもおそるべからず、弥陀の本願をさまたぐるほどの悪なきゆへにと云々《うんぬん》。

【解説】

第一章は、『歎異抄』の総論的な位置を占め、その中心的な思想が述べられています。キーワードは何といっても「弥陀の誓願不思議」という言葉です。

「誓願不思議」とは、一体何なのでしょうか。

阿弥陀さまは、もとは法蔵菩薩《ほうぞうぼさつ》といいましたが、衆生救済を思い立ち、四十八の願をかけて気の遠くなるほど長い間修行されます。そして、ついにその願が成就して阿弥陀如来《にょらい》になりました。その中の十八番目の願いが法蔵菩薩（阿弥陀仏）の本願で、「生きとし生けるものが、心から阿弥陀さまの本願を信じて念仏を称えれば、どんな悪い人でも必ず救い取る。それができなければ、私は仏にならなくて結構です」というものだったのです。

その法蔵菩薩が阿弥陀仏になっているのだから、本願はすでに成就しているはずです。つまり、私たちも気づかぬうちに救われていたということになります。寝てもさめても自己中心、何でも自分の思いどおりにいって当然、自分さえよければそれでいい、といった生き方をしていた自分が、あろうことか最初から救われていた。その感動が「不思議」という表現にほかなりません。

阿弥陀さまからの呼びかけは、私たちが生まれるずっと前から、届いていたのです。それなのに、私たちはそれに気づくことなく、日々の生活に追い回され、目に見える世俗的価値ばかりを追って生きてきたわけです。

そういう私に気づきが訪れる。原文では、「……信じて、念仏申さんとおもひたつこころのおこるとき」とありますが、「あっ、そうだった」と私はうなずくのです。

「これ一つだぞ」という阿弥陀さまの呼びかけに、「ああ、そうだった」という私たちの応答。それを宗教の世界では「感応道交《かんのうどうこう》」といいます。それは、それまで見えるものしか見なかった人間に、見えないものが見えてくる瞬間なのです。

それは同時に、自分がいままでこのように生きてこられたのは、無数の人々とのご縁のおかげだったと気づく瞬間でもあるのです。そして「ああ、そうだった」のうなずきはそのまま、「よし、これでいくぞ」の決意につながり、そこに、本願―信心―往生が一瞬にして成就するというわけです。

それでは「往生」とは何でしょうか。読んで字の如く、「往きて生まれる」というのですが、それは苦しみや悩み多きこの世界を去って、迷いのない真実の世界に生まれ変わるということです。

人は生きているうちに、どうしても無数の小さな罪をつくらざるを得ません。それは人間がエゴから逃れることができない限り、避けられないものです。しかし、それが蓄積され、どこか自分は偽りの存在で、本質的な自分を生きていないのではないか、という感覚にさいなまれることになったとき、感性の鋭い人ほど、それを自分の罪と捉えて、ますます悩みを深めていくかもしれません。

しかし、そういう人こそ、太古からの因縁を断ち切って、自分に呼びかけてこられた阿弥陀さまの声に気づくのです。阿弥陀さまは、苦しんでいる私たちにご自分を完全に同化させて、いつも一緒にいてくださいます。つまり、私たちの苦しみは、阿弥陀さまにとって、他人事《ひとごと》ではないのです。そんな究極の愛こそが「弥陀の誓願不思議」といわれるものです。

これまで、「往生」というと、あの世に行くこと、つまり、死後のことと考えられてきました。しかし、親鸞聖人は違います。「……信じて、念仏申さんとおもひたつこころのおこるとき、すなはち摂取不捨の利益にあづけしめたまふなり」。つまり、信心がおこった瞬間に、阿弥陀さまは即座に私たちを救ってくださり、もう決してお捨てにはならないというのです。それから先は、私たちは仏のいのちの中にすっぽりと包まれて生きていくだけです。阿弥陀さまが「不捨」という以上、いくら私たちが否定しても、やはり、阿弥陀さまのはたらきの中から出ることができないのは、『西遊記』における孫悟空とお釈迦《しゃか》さまの逸話《いつわ》からも明らかでしょう。

しかも、大切なことに、「念仏申さんとおもひたつこころ」は、あくまで「おこる」のであって、私たちが努力して「おこす」ものではないのです。つまり、阿弥陀さまは信じる心、念仏しようという気持ちすら、すべて与えてくださるのです。まさに上げ膳据《ぜんす》え膳、私たちはただありがたくいただけばよいのです。

しかし、信じるというのも難しいものです。信じようと歯をくいしばって努力すればするほど、ますます私たちの心には疑いが頭をもたげてきてしまいます。

したがって、往生するというのは、必ずしも死んであの世へ行くことを前提とするわけではなく、むしろ、この苦しみに満ちた沙婆《しゃば》を、いきいきと生きていく力を阿弥陀さまの本願からいただくということなのです。いままでの迷い多き不本意な生活から、その底に流れている阿弥陀さまの大いなる愛を常に感じながら、罪多きこの身のままで生きていくことに転換（回心《えしん》）するということです。生きている限り、悩みや迷いは尽きませんが、いつも阿弥陀さまと一緒なら、安心して悩めるというものでしょう。

何かを得ようとして念仏を称えるものではありません。念仏の数も多ければ多いほどよいというものでもありません。法然《ほうねん》聖人は一日に八万回も念仏を称えたといわれ、それがあるべきこととして多念義《たねんぎ》（念仏を多く称えるべし）という流派が生まれてきますが、それは誤解です。聖人が多く称えたのは、いつも阿弥陀さまと一緒にいることが、うれしかっただけなのです。第一、少しでも多く称えて、少しでも早く往生しようなどということ自体、自力による救済の念が混じっている証拠です。

無論、阿弥陀さまの本当の名は「無《む》量光《りょうこう》無《む》量寿如来《りょうじゅにょらい》」ですから、まったくえこひいきはありえません。老若男女《ろうにゃくなんにょ》、賢愚《けんぐ》、貴賤《きせん》、貧富にまったく差はなく、この無限の光からもれるものは誰一人おりません。

私たちの世界は、怒ったり、泣いたり、嘘《うそ》をついたり、悪口をいったり、人をいじめたりなど、さまざまなことでにごっています。そして、何よりも人間は他の生物《いきもの》を殺して、食べて、生きていかなければなりません。その生き方を『歎異抄』では悪人というのです。

そういう悲しい生き方をせざるを得ない、人間という生物を憐《あわ》れんで立てられたのが、阿弥陀さまの本願なのです。私たちが嘘をついたとき、悪口をいってしまったとき、友達を助けることができなかったとき、そんなときそばに来て、だまって涙を流してくれるのが阿弥陀さまです。「悪人」である私たちのことを大好きなのが阿弥陀さまなのです。

第二章　迷いをこそ生きる

　ここにおいでの方々が、この京（京都）までの長い道のりを、いのちの危険も顧《かえり》みずに、私（親鸞《しんらん》）を訪ねてこられた思いは、阿弥陀《あみだ》さまに救われる真実の生き方の極意を、私から聞き出したいからなのですね。

　けれども、もし私が、念仏のほかに、阿弥陀さまの本願に即した、真実の生き方を実現できる道を知っているとか、それを記した秘密の教文《きょうもん》などを知っているとか、お思いになっていらっしゃるのであれば、それはとんでもない間違いです。

　そのように思っておられるなら、奈良や比叡山《ひえいざん》にいる偉い学僧の方々にでもお目にかかって、阿弥陀さまの本願による真実の道へ目覚めるのに必要なことを、しっかりお聞きになるべきです。

この親鸞においては、ただ本願を信じて念仏することで、阿弥陀さまにお救いいただくという法然《ほうねん》聖人の教えに従うほかには何もありません。念仏は、本当に救いの世界へ導くもとになるのか、はたまた地獄《じごく》へ落ちるべき行いなのか、まったくもって私は存じません。

私としましては、たとえ法然聖人にたぶらかされて、念仏することで地獄に落ちたとしても、何の後悔もないのです。

なぜならば、念仏以外の修行に打ち込めば仏になれたはずの私が、念仏したから地獄に落ちたというのなら、「たぶらかされて」という後悔も残るでしょうが、もとよりどのような修行によっても、仏の世界に入ることができないわが身ですから、もともと私には地獄以外には行き場がないのです。

阿弥陀さまの本願が疑いなく真実である以上、そのまま『三部経《さんぶきょう》（浄土教系の経典）』でその本願を説かれたお釈迦《しゃか》さまの教えに、嘘《うそ》偽りがあるはずはありません。お釈迦さまの教えに間違いがなければ、それを正しく解釈した善導大師《ぜんどうたいし》の注釈書に誤りがあるはずもありません。大師の注釈書に誤りがなければ、それに基づいて念仏の教えを説かれた法然聖人の言葉に偽りがありましょうか。そして、法然聖人の教えが正しければ、私があなた方にお伝えしました念仏往生の教えがどうして誤っているといえましょうか。

私の信心といっても、ただそれだけのこと。そのほかには何もないのです。だからみなさんも、私のお話ししたことをじっくりとお考えの上、念仏を信じるも、また捨てるも、それはあなた方ご自身で決めることです。

【原文】

おのおの十余《じゅうよ》ケ国《かこく》のさかひをこえて、身命《しんみょう》をかへりみずしてたづねきたらしめたまふ御《おん》こころざし、ひとへに往生極楽のみちをとひきかんがためなり。しかるに、念仏よりほかに往生のみちをも存知《ぞんち》し、また法文等《ほうもんとう》をもしりたるらんと、こころにくくおぼしめしておはしましてはんべらんは、おほきなるあやまりなり。

もししからば、南都北嶺《なんとほくれい》にもゆゆしき学生《がくしょう》たち、おほく座《おわ》せられて候ふなれば、かのひとにもあひたてまつりて、往生の要《よう》よくよくきかるべきなり。親鸞におきては、ただ念仏して弥陀《みだ》にたすけられまひらすべしと、よきひと（法然）の仰せをかぶりて、信ずるほかに、別の子細《しさい》なきなり。念仏は、まことに浄土にむまるるたねにてやはんべらん、また地獄《じごく》におつべき業《ごう》にてやはんべるらん。総じてもつて存知せざるなり。たとひ法然聖人にすかされまひらせて、念仏して地獄におちたりとも、さらに後悔すべからず候ふ。そのゆへは、自余《じよ》の行もはげみて仏に成るべかりける身が、念仏を申して地獄にもおちて候はばこそ、すかされたてまつりてといふ後悔も候はめ。いづれの行もおよびがたき身なれば、とても地獄は一定すみかぞかし。弥陀の本願まことにおはしまさば、釈尊の説教虚言《きょごん》なるべからず。仏説まことにおはしまさば、善導《ぜんどう》の御釈《おんしゃく》虚言したまふべからず。善導の御釈まことならば、法然の仰せそらごとならんや。法然の仰せまことならば、親鸞が申すむね、またもつてむなしかるべからず候ふか。詮《せん》ずるところ、愚身《ぐしん》の信心におきてはかくのごとし。このうへは、念仏をとりて信じたてまつらんとも、またすてんとも、面々《めんめん》の御はからひなりと云々《うんぬん》。

【解説】

「南無阿弥陀仏」の「南無」とは信じ切ることで、阿弥陀さまにすべてをお任せして、最後までついていきます、ということです。

ところが、日々あくせく努力しながら、自力と自己責任をモットーに生きている私たちにとって、信じて任せ切ることほど難しいことはありません。私たちの心には、これでいいのだろうか、という疑問や不安が必ず芽生《めば》え、自力のはからいに走り、挙げ句、少しでもうまくいかなくなると、ああすればよかったのに、という後悔が残ります。この第二章の中心テーマは信心と後悔であるといってよいでしょう。

本題に入る前に、簡単な歴史的背景の説明をします。法然聖人によって確立された日本の浄土教は、戦乱にあけくれる末法の世の中で、せめて来世に救いを求める民衆に、専修《せんじゅ》念仏（ひたすら念仏を称える）という、それまでにない易しい救済方法を説きました。そのため、貴族や武家から一般庶民に至るまで、法然聖人のもとに信奉者が殺到しました。

急速な浄土教の発展に恐れをなした他宗は、強い危機感を抱き、諸宗一丸となって、前代未聞の念仏廃止の朝廷直訴《じきそ》に走ります。一二〇七年にはそれが功を奏して、浄土宗解散、念仏布教禁止、そして法然・親鸞両聖人以下八名が流刑《るけい》、住蓮《じゅうれん》・安楽《あんらく》ら四名が死刑に処せられたのです。

越後（新潟県上越市近辺）に流された親鸞聖人は、五年後の恩赦《おんしゃ》の後も、京都には帰らず、常陸《ひたち》（いまの茨城県）に二十年の長きにわたってとどまり、念仏の民衆への布教につとめます。

やがて、親鸞聖人は六十歳を超えて京都に帰りますが、一方、残されて師を失った信者たちの間では、阿弥陀信仰に対する動揺《どうよう》が生まれ、それに乗じて、本来親鸞聖人の教えにあるはずのない、さまざまな邪説がはびこり始めるのです。

心を痛めた親鸞聖人は、動揺を沈静化させるために、わが子善鸞《ぜんらん》を常陸に派遣しますが、これが火に油を注ぐことになってしまいます。あろうことか、善鸞は東国に根強い怪しげな祈禱《きとう》宗教と結託《けったく》し、自らが異端邪説の先頭に立ち、「親鸞が東国で伝えた念仏の教えは誤りであり、自分は親から秘密に伝えられた往生の方法を知っている」といったからたまりません。現地の信徒たちは、もはや何を信じたらいいかわからなくなりました。

親鸞聖人は息子の善鸞を義絶（親子の関係を絶つ）するわけですが、このほかにもその教えを惑乱《わくらん》させるさまざまな事件が続発し、深刻な信仰の混乱に騒然とする中、「ぜひ聖人に、直《じか》に本当のところをお聞きしたい」と信徒の代表者が、京都行きを決意したのです。——以上が本章における、親鸞聖人のもとに仏法に身命をかけてつめかけた信徒たちとの、鬼気迫る対峙《たいじ》の場面の背景をなしているものです。

東国から京都への道が整備されるのは、お伊勢参りが盛んになる江戸時代で、親鸞聖人在世の十三世紀は、間に箱根の山や大井川があり、盗賊がうろつく旅の難所も多く、丸腰の彼らにとっては、生きて帰れる保証のない、まさに「身命をかへりみず」の旅路であったはずです。

いのちをかけても聞かねばならぬのが仏法。「本当はどうなのですか」と迫る信徒たちの熱意は、師・聖人に対する不信とすれすれのところだったといってよいでしょう。私たちはここに、そのような信徒たちの真剣さと、「その程度のことで、あなた方の信心はグラついてしまうのですか。いままでそなたたちは、一体何を聞いてこられたのか。情けないことだ」と思っているに違いない親鸞聖人との、のっぴきならない緊迫した雰囲気を感じ取らねばなりません。

どう考えても、本章冒頭の一文は穏やかではありません。「……身命をかへりみずしてたづねきたらしめたまふ御こころざし、ひとへに往生極楽のみちを問ひきかんがためなり」は、決して上から優しく教えさとしめる口調ではありません。同じ本願念仏の道を歩む同行《どうぎょう》のふがいなさに対する失望と叱咤《しった》であることは、「……ためなり」という断定に明らかです。

しかも、一息おいての「しかるに」は絶妙というしかなく、他の言葉への置き換え不可能な、ギリギリの「しかるに」であり、その文末も「……おほきなるあやまりなり」。以下の文末もすべて「……きかるべきなり」「……別の子細なきなり」「総じてもつて存知せざるなり」と、すべて断定口調となっています。生半可《なまはんか》な信者たちだったら取りつく島がないでしょう。

なるほど、念仏そのものは誰にでも称えられる易行《いぎょう》、つまり楽な道ですが、阿弥陀さまから差しのべられている御手《おて》や、呼びかけられているお声に気づくことは、本当はたいへん難しいことなのです。「ほれ、お救いの御手がそこに伸びてきているではないか」といわれても、相も変わらず、もっと確実な救済の道があるのではないか、とキョロキョロしてしまうのが私たちだと思います。

少しでも多く満足や安心を得たいと思えば思うほど、私たちは自力において両天秤をかけてしまいます。日常のあれこれの選択ならそれでもいいでしょうが、絶対の安心、絶対の救いへの覚悟がなければ、その信心自体がガタガタになってしまうでしょう。中途半端なことなら、いま、ここでやめろ、ということ。親鸞聖人の覚悟は、「念仏は、本当に救いの世界へ導くもとになるのか、はたまた地獄へ落ちるべき行いなのか、まったくもって私は存じません。私としましては、たとえ法然聖人にたぶらかされて、念仏することで地獄に落ちたとしても、何の後悔もないのです」というほど凄《すさ》まじいものです。ここには、念仏を、極楽往生を果たすため、地獄に落ちないための手段、とみなす人間の卑小なはからいが微《み》塵《じん》もありません。日常の功利性を超越したところ、そこに信仰の本質があるといってよいのでしょう。

私たちはよく何かをして、あとから後悔しますが、それは「あのとき、あんなことをしなければよかった」ということでしょう。本当はやらずに済んだ私なのにとか、あいつがあんなことをいわなければ、こんなことにならなかったのに、という論理です。

でも、私たちは本当にやらずに済んだのでしょうか。それは、自分はあんな失敗をしでかさない人間であるはずと、自分を買いかぶっているだけではないでしょうか。

親鸞聖人の言葉の背景には、ご自分に対するどうしようもない絶望と、そんなご自分が阿弥陀さまの呼びかけに出合えたということへの深い感謝が表裏一体となっています。

それは「私は金輪際《こんりんざい》仏法にまみえるような奴ではありません」という聖人の絶望と、「お前がそんな奴だとはとっくに承知の上のこと、そんなお前だからこそ私はいるのだよ」という阿弥陀さまの本願とが、完全に一致しているということなのです。

後悔を超えるためには、「あのとき、あんなことをせずにはおれない自分だったのだ」と受け入れてしまうことなのです。同様に「とても地獄は一定すみかぞかし」と地獄も受け入れてしまえば地獄ではなく、逆に恐れれば恐れるほど、ますます地獄は本当に恐怖をもって迫ってくる、ということでしょう。

信仰も決断と覚悟が必要だということですが、聖人は、阿弥陀さまの真実に出合えたからこそ、後悔しませんと言い切れたのであり、師・法然聖人によって、間違いなく真実のはたらきに出合えた自分、救われた自分を、感謝を込めて確かめておられるのです。

第三章　宗教と道徳のパラドックス

善人ですら、阿弥陀《あみだ》さまの本願《ほんがん》によって、真実の生き方に目覚めることができるのだから、まして悪人はなおさらです。

それなのに、世間では次のようにいわれております。悪人でさえ真実の生き方に目覚めることができるのなら、善人についてはいうまでもありません、と。これは一応もっともなように聞こえますが、それではただ阿弥陀さまの力に頼りさえすれば、すべて救われるとする本願の主旨をないがしろにしてしまうことになります。

なぜかといえば、自分の意志で、どんな場合でも善い行いができると思ってうぬぼれている人は、一心に阿弥陀さまの力に頼る心が欠けておりますから、本願による救済の対象にならないのです。

でも、そのような善人でも、自力に頼る心をひるがえして、本願の力に自分の生のすべてをゆだねることができれば、阿弥陀さまの真実の世界へ生まれ変わることができるのです。

どれほど人間としての努力を尽くしてみても、生死の苦悩を脱することができない、煩悩《ぼんのう》まみれの私たちを憐《あわ》れんで立てられたのが、阿弥陀さまの本願なのです。自力に絶望し、阿弥陀さまに頼らざるを得ない人々こそが、本願に触れて、真実の自己に生まれ変わることができるのです。

そのようなわけで、善人ですら真実の生き方に目覚めることができるのだから、まして悪人はなおさらです、というのです。

【原文】

善人なをもて往生をとぐ、いはんや悪人をや。しかるを世のひとつねにいはく、悪人なを往生す、いかにいはんや善人をやと。この条《じょう》、一旦《いったん》そのいはれあるに似たれども、本願他力の意趣《いしゅ》にそむけり。そのゆへは、自力作善《さぜん》のひとは、ひとへに他力をたのむこころかけたるあひだ、弥陀《みだ》の本願にあらず。しかれども、自力のこころをひるがへして、他力をたのみたてまつれば、真実報土《ほうど》の往生をとぐるなり。煩悩具足《ぼんのうぐそく》のわれらは、いづれの行にても生死をはなるることあるべからざるをあはれみたまひて、願《がん》をおこしたまふ本意、悪人成仏のためなれば、他力をたのみたてまつる悪人、もとも往生の正因《しょういん》なり。よつて善人だにこそ往生すれ、まして悪人はと、おほせさふらひき。

【解説】

本章は「善人なをもて往生をとぐ、いはんや悪人をや」という有名な一文から始まります。この文が私たちにインパクトを与え、記憶に残るのは、この表現が私たちの日常の道徳・倫理観と正反対のことを述べているからで、最初は誰でも「おやっ」と思うのではないでしょうか。

『歎異抄』にいう「悪人」とは、世にいう犯罪者のことではありません。自分のいやしいあり方に気づき、また阿弥陀さまから慈悲を受けながら、なかなかそれに即することができない人のことをいうのです。「善人」とはそれと反対に、自分の姿に気づかず、したがって阿弥陀さまの呼びかけを聞こうともしない自己中心的な人々のことです。自分を正直の側に入れて線を引いている「善人」ぶる人は、阿弥陀さまの深い慈悲がなくても、結構うまくやっていけると思っている人たちにほかなりません。

人間は放っておいたら、どこまでも自分は正しく、賢く、善い人間のつもりでいます。このつもりこそ唯円《ゆいえん》は「自力作善《さぜん》」というのです。読んで字の如く、自力で生きていくことをよしとする、ということ。努力すれば何でも思いどおりにできるし、ほかの人たちもそれについてきて当然、というつもりです。

人間の勝手なはからいですべて解決できるはずがないのに、彼らは、目に見えない広大な世界に目を開こうとはしません。もしそこに回心《えしん》がおこるとするなら、それは阿弥陀さまの本願に導かれて初めて、つもりでは間に合わないこと、そのつもりに立ってうぬぼれていた自分に気づくということです。つもりを取り去ったあとの私、「その醜《みにく》く愚かで何の取り得もない自分を見よ。そこに帰れ。そこからしか道は開けないのだから」。これが世にいう「悪人正機」の眼目《がんもく》なのです。

自分が「善人」だと思っている人、あんな奴じゃなくてよかったと思っている人にとっては、この悪人正機は不条理でしかないでしょう。それは宗教のことがらを、道徳・倫理の観点から見ているから、そう思うのです。マジメに生きている人間が、どうしてフザケた人生を生きてきた奴より損をしなければならないのだ、というふうに。

宗教と道徳・倫理は似て非なるものです。そもそもの原理が根本的に違います。後者は自助努力であるのに対し、前者は、禅など聖道門《しょうもんどう》も含めて、真理からの促しに従うことです。

宗教は道徳や倫理の延長線上にあるわけではありません。いわば、道徳的努力が破綻《はたん》したところから、宗教が始まるのです。法蔵菩薩《ほうぞうぼさつ》すなわち阿弥陀さまは、智者や善人ではなく、むしろ私たちのように日々煩悩に追い回されている愚かな悪人（凡夫）のためにあのような願をかけたのです。

愚かな悪人は、知恵や徳の力で真実の世界へ往生することはできません。ただ口で念仏を称えるという、誰にでもできる易行によって浄土往生ができるのです。その凡夫往生を阿弥陀さまは浄土教典『大無量寿経《だいむりょうじゅきょう》』において、はっきり保証しているのです。

だから、阿弥陀さまの誓願はあくまで悪人成仏のためであり、他の方法によって往生することができない凡夫・悪人こそが阿弥陀さまの正客《しょうきゃく》ということなのです。

本来の自分と向き合うことは辛いことです。全生涯をかけて、真摯《しんし》に自分に向き合った人が親鸞聖人でした。そして苦闘の末、はっきり見えてきたのです。「自分は悪人である」と。どうしようもない自分が本来の私であると。

そのとき、親鸞聖人は気がついたのです。そのどうしようもない自分も、数知れぬ失敗も、苦闘の連続も、すべて阿弥陀さまのいのちの中の出来事であったのだ、と。

親鸞聖人は「悪人」の自分が大好きでした。なぜなら、悪人であると自分を認めることでいつも阿弥陀さまと一緒に生きることができるようになったからです。ひとりぼっちの寂《さび》しい人生ではなくなったからです。いつも自分のことを大切に思ってくれる阿弥陀さまが一緒にいてくださるからです。

第四章　仏の慈悲と人の同情

人を救いたいという慈悲にも、修行によって自分の能力を高めてやり遂げようという慈悲と、阿弥陀《あみだ》さまの本願《ほんがん》に沿った真実の自己に生まれ変わってやり遂げようとする慈悲との違いがあります。

前者は、生きとし生けるものを憐《あわ》れみ、いとおしみ、育てはぐくむことですが、しょせん人間の力ですから、どんなに努力しても、自分の思うように人を救うことはたいへん難しいものです。

後者すなわち、阿弥陀さまの本願に救われて念仏する身となって、やり遂げようという慈悲は、私たち凡人が、本願の力により人間の思いを超えた阿弥陀さまの大いなる慈悲の心で、思うように生きとし生けるものを救うというものです。

この世界において、どんなにいとおしく、かわいそうだと思っても、思ったとおりに人を救うことはできません。自分の力でやり遂げようとする慈悲はいつも不満足のまま終わってしまうことになります。

ですから、阿弥陀さまの御名《みな》を呼び、本願にすべてをゆだねることだけが徹底した大いなる慈悲というべきなのです。

【原文】

慈悲に聖道《しょうどう》・浄土のかはりめあり。聖道の慈悲といふは、ものをあはれみ、かなしみ、はぐくむなり。しかれども、おもふがごとくたすけとぐること、きはめてありがたし。浄土の慈悲といふは、念仏して、いそぎ仏《ぶつ》になりて、大慈大悲心《だいじだいひしん》をもつて、おもふがごとく衆生を利益《りやく》するをいふべきなり。今生《こんじょう》に、いかにいとほし不便《ふびん》とおもふとも、存知《ぞんち》のごとくたすけがたければ、この慈悲始終なし。しかれば、念仏申すのみぞ、すえとほりたる大慈悲心にて候ふべきと云々《うんぬん》。

【解説】

人間の生き方には二つあって、自分の力で生きていると思っている人と、自分をはるかに超えたものによって生かされていると思っている人に分かれます。後者は、私たちが仏さまの光の中で生きていることに気づいているのです。第一章では、そのことを阿弥陀さまの側から「摂取不捨《せっしゅふしゃ》（私たちをおさめ取って、お捨てにならない）」といっておりました。

第四章は、この二つのタイプの人が、それぞれ周りで悩んだり苦しんだりしている人々に何ができるのか、ということにかかわっています。

人は愛し、慈しむ心がなくては生きられません。しかし、もともと私たちの力には限界がありますから、完全に他者の苦しみを取り除くことはできません。それを「おもふがごとくたすけとぐること、きはめてありがたし」というのです。「すえとほりたる大慈悲心」はあくまで阿弥陀さまのはたらきです。私たちは、何よりも自分がかわいいのであり、自分を犠牲にしない限りにおいてのみ、他者を慈しむことができる存在なのかもしれません。唯一大切なことは、念仏において南無（お任せ）する私と阿弥陀さまが不二一体となることです。

大切なのは法（真理）に触れること。その真理に触れていた江戸時代の良寛《りょうかん》さんにも次のような逸話《いつわ》があります。放蕩《ほうとう》に狂った甥《おい》に注意してくれるように頼まれた良寛さん。しかし、何もいえないままいたずらに時が過ぎ、やがて別れるとき、良寛さんは甥が結ぶわらじの上に思わず涙を落とします。それを見た甥が、初めて改心したとのこと。涙を落とす良寛さんも、それを見て改心する甥も、このとき、確実に阿弥陀さまのいのちに「触れて」います。それを仏教では「同事」といいますが、それは阿弥陀さまのいのちの中で、良寛さんは甥の中にかつての放蕩者たる自分を見たということでしょう。

禅語にも、「愛語よく廻天《かいてん》の力あり」という言葉がありますが、愛語とは単に口あたりのいいお世辞のようなものではありません。ほの見える優しい微笑《ほほえみ》、相手と一体化した者だけが落とす一滴の涙。それも「南無（お任せ）」する私たちと、それをまるごと引き受けてくださる阿弥陀さまとの一体感、すなわち「南無阿弥陀仏」でしか、決して実現しない出合いにほかなりません。

したがって、原文の「浄土の慈悲」とは、私たちが阿弥陀さまの本願に「触れて」いることで初めて、阿弥陀さまと同じように、悩める他者と一体化できるということなのです。それは世俗の価値を生きている人が抱く「同情」ではなく、阿弥陀さまが私たちにお示しくださる「同事」だからです。

ときに私たちは、自分の力では解決できない状況に直面せざるを得ません。老いや病《やまい》も避けられませんが、どんなに人を愛していても、必ず別離がめぐってきます。たとえば子供を亡くしたときなど、どんなに自分が代わってやりたくても、それはかないません。私たちの誰がそれを自力で乗り越えられるでしょうか。

そんなとき、他力すなわち阿弥陀さまの本願力に自分を任せることができたら、どんな苦悩の中でも、生きていける力が湧いてくるというものです。

「浄土」も「阿弥陀さま」も、単なるフィクションではありません。確かに人間の想像力が生み出したものに違いはありませんが、そのような虚構《きょこう》を生み出さなければ生きられない現実が人間にはある、ということを考えれば、それらは現実、少なくとも人間的現実といってよいでしょう。

あらゆる生物《いきもの》の中で、おそらく人間のみが持つ超越への志向、すなわちこの世に生きつつ、同時にこの世を超えた世界から、この世とわが身のあり方を問うために、「浄土」や「阿弥陀さま」が要請されてくるのです。

第五章　恩愛の彼方に

私、親鸞《しんらん》は、亡くなった父母の供養のために、念仏を称《とな》えたことは、いまだかつて一度もありません。なぜなら、一切の生きとし生けるものはみな、生まれ変わり死に変わりを繰り返してきたこれまでの世、これまでの生での父母兄弟であったことが必ずあると思うからです。ですから、私たちが真実の自己を実現して仏になったときには、誰をも救済することができるのです。

阿弥陀《あみだ》さまの名を呼び、その力と一体となることが、わが力でなしうる善行《ぜんこう》だとでもいうのなら、その功徳《くどく》を差し向けて六道《ろくどう》にさまよっている父母をも救うことができるでしょう。しかし、念仏とはそのような自力の行ではないので、それもかないません。ただ、自力で何でもできるという思い上がりを早く捨てて、真実の世界の中で大いなる阿弥陀さまの力と一体になることができれば、その力によって、どんな苦難の境遇にある者でも救うことができるのです。

【原文】

親鸞は、父母の孝養《こうよう》のためとて、一返《いっぺん》にても念仏もうしたること、いまださふらはず。そのゆへは、一切の有情《うじょう》はみなもて世々生々《せせしょうしょう》の父母兄弟なり。いずれもいずれもこの順次生《じゅんじしょう》に仏《ぶつ》になりてたすけさふらふべきなり。わがちからにてはげむ善にてもさふらわばこそ、念仏を回向《えこう》して、父母をもたすけさふらはめ。ただ自力をすてて、いそぎさとりをひらきなば、六道《ろくどう》・四生《ししょう》のあいだ、いずれの業苦《ごうく》にしずめりとも、神通方便《ほうべん》をもて、まず有縁《うえん》を度《ど》すべきなりと云々《うんぬん》。

【解説】

第五章の最大のポイントは「親鸞は、父母の孝養のためとて、一返にても念仏もうしたること、いまださふらはず」という有名な一文にあります。

釈尊《しゃくそん》によって開かれた、いわゆる根本仏教は、あくまで生きた人間たちが解脱《げだつ》して仏陀《ぶっだ》（覚者）になる教法にすぎません。だからもとより死者供養など眼目になかったのです。

そのような根本仏教が、今日に見るような葬式仏教とも呼ばれるようになったのは、仏教伝来以前からある日本人特有の霊魂観や他界観との融合によるものといってよいでしょう。

日本の民俗学の草分けである柳田國男《やなぎたくにお》もいっているように、西方十万億土という無限の距離にあり、行ったら戻ってこられない仏教における「浄土」と、あの山の中に祖霊《それい》はおり、お盆やお彼岸には子孫のもとに戻ってくるのだという原始信仰の「あの世」は、矛盾するままに日本人の中に同居することになったのです。今日では、仏教のお坊さんですら、葬式や法事などの宗教儀式《ぎしき》により、死者に功徳を施すことができるのだと考えている始末です。

そのような状況の中での本章冒頭の一文は、まさに青天の霹靂《へきれき》、不可解どころか、あまりにも死者に対して非情ではないかと感じられるかもしれません。

しかし、先に述べたように、親鸞聖人はもともと在家仏教を極限まで推し進めた人、その意味で彼においては恩愛と信心は矛盾しないはずです。しかもこの「一切の有情はみなもて世々生々の父母兄弟なり（一切の生きとし生けるものはみな、生まれ変わり死に変わりを繰り返してきたこれまでの世、これまでの生での父母兄弟であったことが必ずある）」という一文は、恩愛と信心との対立を、すべてのいのちあるものが深いつながりをもって生かされているという真実にまで昇華しています。つまり、自分の肉親へのこだわりを捨てることが、そのまますべて同じいのちあるものを肉親として慈しむということにつながっているということです。

それは、仏性に目覚めたときに、自分が仏となって当然父母も救えるのだということで、人は浄土に行って救われるだけでなく、そこで仏になって戻ってきて、衆生を救い導くという親鸞聖人の中核思想につながります。

親鸞聖人の宗教は在家仏教ですから、決して祖霊への恩愛を捨てろといっているのではないでしょう。親鸞聖人がここで否定しているのは、あくまで「父母の孝養」のために念仏を申すことであり、念仏を手段化してはいけないということだと思います。

しかし、親鸞聖人の念仏はすべて、自分が念仏を称えられるようになったことへの感謝を表現するものだから、父母に向けてするものではないと説く人もいますが、私はこのような教条的な発想は、かえって本願念仏をだめにすると思います。むしろ、情と信とのせめぎ合い、そしてその果ての跳躍《ちょうやく》、そこにこそ真に魂に発する信仰があると思うからです。

たとえば、浄土真宗の中興の祖・蓮如《れんにょ》の母親は、他の女性を正妻に迎えた夫・存如《ぞんにょ》のもとを去るとき、六歳の蓮如の姿を絵師に描かせて消えました。蓮如は、母の恩愛を終生忘れず、のちに、本願寺教団の全組織を動かして母の行方を求めましたが、ついにわからなかったといいます。

親鸞聖人の言葉が恩愛を捨てよ、というものであるなら、蓮如がこれほど母を求めることはありません。ところが、蓮如は「あなたの世に本願寺を立派に再興なされよ」といって立ち去った母の言葉を胸に、あらゆる手段を尽くして母を探し、母の去った十二月二十八日を命日として追善供養を欠かさなかったというのです。

私はこういう蓮如が好きです。生きとし生けるものが「世々生々の父母」というのは、このような深い情愛と矛盾するものではないと思うからです。

最後に、世間では葬式無用論が叫ばれて久しいですが、自分の死と直面することを回避し、送る人と送られる人の絆がますます希薄化しつつある昨今《さっこん》、そういう傾向に釘を刺すためにも、私は念仏をはじめとする宗教儀式が必要だと考えています。

もともと、仏教が生死離別のための教法だったとするなら、急がなくてもよいことに狂奔《きょうほん》し、急いで問わなければならない真実を後回しにしている私たちが、人生の中で立ち止まって、他者と自分の存在を自問できる数少ない機会が葬式、法事ということになります。

そのように考えれば、死者のために念仏することとは、単に父母孝養のみならず、生きとし生けるもののはかないいのちを直視することで阿弥陀さまの慈悲に近づいていく機縁でもあるのです。

第六章　師弟の本当のあり方

ただひたすら大いなる阿弥陀《あみだ》さまの御名《みな》を呼ぶことに専念していた人たちが、こいつは自分の弟子だ、あいつは自分の弟子なんかじゃない、などと争っていることは、とんでもないことであります。

私（親鸞《しんらん》）は弟子など一人も持ってはおりません。自分が導いて阿弥陀さまの御名を称《とな》えさせるようにしたなら、その人を私の弟子といってもいいかもしれません。でも、阿弥陀さまのお誘いによってのみ、阿弥陀さまの御名を呼べるようになった人を、「わが弟子」というのは、それは傲慢《ごうまん》至極《しごく》というしかないでしょう。

連れ添《そ》う縁あれば、一緒に称名《しょうみょう》念仏に励み、離れる縁あれば、別れていくようになるものです。人の出会いと別れは、私たちの考えを超えた因縁によるものですから、師に背いて他の人に念仏の教えを学ぶのであれば、真実の世界に生まれ変わることはできない、などということはありません。阿弥陀さまの大慈悲により、ありがたくもいただいた信心を、あたかも自分が教え与えたかのように錯覚《さっかく》して、取り上げようというのでしょうか。かえすがえすもあってはならないことです。

私たちのつたないはからいを超えた、阿弥陀さまの本願の大いなるはたらきと一つになるならば、如来への大恩も身にしみてわかり、またそこへ導いてくださった師の恩への感謝の念も、自然に湧いてくるというものです。

【原文】

専修《せんじゅ》念仏のともがらの、わが弟子、ひとの弟子といふ相論《そうろん》の候ふらんこと、もつてのほかの子細《しさい》なり。親鸞は弟子一人《いちにん》ももたず候ふ。そのゆへは、わがはからひにて、ひとに念仏を申させ候はばこそ、弟子にても候はめ、ひとへに弥陀《みだ》の御《おん》もよほしにあづかつて念仏申し候ふひとを、わが弟子と申すこと、きはめたる荒涼《こうりょう》のことなり。つくべき縁あればともなひ、はなるべき縁あれば、はなるることのあるをも、師をそむきて、ひとにつれて念仏すれば、往生すべからざるものなりなんどいふこと、不可説なり。如来よりたまはりたる信心を、わがものがほにとりかへさんと申すにや、かへすがへすもあるべからざることなり。自然《じねん》のことはりにあひかなはば、仏恩をもしり、また師の恩をもしるべきなりと云々《うんぬん》。

【解説】

第六章は、大乗《だいじょう》仏教、中でも浄土教が含む、阿弥陀さまの光の中での万民・万物の絶対平等を明かしてくれている大切な一章です。

浄土教の世界は絶対平等であり、師というものがあるとすれば、それは阿弥陀さましかありません。人はすべて、その本願の中でともに歩みを進める同朋同行《どうぼうどうぎょう》でしかないのです。

親鸞聖人にはたくさんの弟子がいたことは事実です。その弟子たちは親鸞聖人のことを師として尊敬しておりました。でも、親鸞聖人はその人たちのことをわが弟子とは考えておられなかったのです。

それは親鸞聖人には、そもそも人間と人間との交わりは、師弟といえども仮の姿にすぎず、真実は仏と人との関係にすぎないということがはっきりと見えていたからでしょう。

なるほど、仏教は、釈尊《しゃくそん》の仏弟子を師と仰ぐ弟子たちの無限の誕生によって伝承されてきました。逆に辿《たど》れば、唯円《ゆいえん》は親鸞の、親鸞は法然《ほうねん》の、法然は善導大師《ぜんどうたいし》のというように、この連鎖は釈尊まで遡《さかのぼ》ります。

しかし、大切なことは、仏教の歴史には、本質的には弟子しかいないのです。弟子がいれば師がいるのは当たり前ですが、本物の師というのは、弟子の心の中にのみ仰がれる存在としてあるものなのです。

法然だっておそらく親鸞のことを弟子と思っていなかったであろうことは、のちに見る「後序」での「源空《げんくう》（法然）の信心も阿弥陀さまから賜《たまわ》った信心、善信《ぜんしん》房《ぼう》（親鸞）の信心も阿弥陀さまから賜った信心である」というお言葉に明らかです。

つまり、すべての信心が阿弥陀さまに発する限り、法然の信心・念仏、親鸞の信心・念仏、そして私たちの信心・念仏も、その念仏と信心には差がまったくないということなのです。

私たちすべてを取り巻く、時空を超えた無限の背景と条件が互いにはたらき合って、しかるべき結果が生じている、それを仏教は「縁起」といい、そこに仏教の根本があります。

本文中に「自然のことわりにあひかなはば」とありますが、私たちもその「ことわり（道理）」にはずれなければ、自然に自分の師への感謝も湧いてこざるを得ず、いまさら弟子取り合戦に己を失うということもないでしょう。

必要なのはただ、「自然のことわりにあひかな」うためには、あくまで「つくべき縁あればともなひ、はなるべき縁あれば、はなるることのある」ことを素直に受け入れること。その「ことわり」に反すると、阿弥陀さまがこの世界にもたらそうとする調和を乱し、他人も自分も苦しむことにしかなりません。

「南無阿弥陀仏」というのは、この「自然のことわりにあひかな」う生き方であり、それは阿弥陀さまが、この世界を調和たらしめ、すべての人々に幸せをもたらす古今を貫く一大事業に参加することでもあるのです。

「南無」することは、どこまでも阿弥陀さまについていくことであり、すべてをお任せして無我・無私になることで、阿弥陀さまの本願に自分を溶け込ませることなのです。

第七章　仏と生きる一筋の道

大いなる阿弥陀《あみだ》さまの御名《みな》を呼ぶ者の歩む道は、どんなものも妨《さまた》げとならない坦々《たんたん》たる一筋の道であります。

なぜなら、阿弥陀さまによって生かされているとする信心が定まった行者には、天の神も地の神もその前にひれ伏《ふ》しますし、人の心を惑わす悪魔や怪しい信仰におびき寄せようとする者たちも、その道を妨げることはできないからです。

また、自分がこれまで犯してきた過去の罪や誤りの責めを迫られることもありません。人間のなしうるどのような善い行いも、阿弥陀さまの御名を呼ぶこと以上の善ではないのです。そういうわけで、何ものも妨げになるもののない一道というのです。

【原文】

念仏者は無碍《むげ》の一道なり。そのいはれいかんとならば、信心の行者には天神《てんじん》・地祇《ちぎ》も敬伏《きょうぶく》し、魔界・外道も障碍《しょうげ》することなし。罪悪も業報《ごうほう》を感ずることあたはず、諸善もおよぶことなきゆへなりと云々《うんぬん》。

【解説】

念仏を称《とな》えるとは、単に声に出していうことではありません。念仏するとは、そのまま阿弥陀さまからの私たちに対する呼びかけをしっかり受けとめた姿なのです。阿弥陀さまからの呼びかけが聞こえない人は、いくら念仏を称えても念仏者ではありません。つまり、阿弥陀さまの本願と無関係な念仏は、単なる騒音でしかないのです。

つまり、念仏を称える生活というのは、阿弥陀さまの本願の心に触れながら生かされていくことにほかなりません。

阿弥陀さまの心と一つになって生きること。その中で口をついて出てくる念仏こそが「無碍の一道」、つまり、何にも妨げられることのない宇宙の道理に順じた生き方だ、というのです。

なるほど、私たちの日常は「無碍」どころか、そこら中「有碍」だらけ。私たちの人生は障害物競走のようにさまざまな障壁にぶつかったり、つまずいたりしながら悩み多き生活となっています。

しかし、中国禅が説くように、転迷開悟《てんめいかいご》（迷いを転じて悟りを開く）する努力は必要ありません。ただ阿弥陀さまの本願を信じて、念仏しながら、阿弥陀さまと一緒に歩んでいけばよいのです。出来損ないの私たち人間の心はすべてだめですが、だめなままで阿弥陀さまの心と一つということを親鸞聖人はその主著『教行信証《きょうぎょうしんしょう》』で、次のようにいわれています。

あらゆる世界の妨げを超えた人たちにとって、一本の道とは、一本の妨げなき道である。妨げがないというのは、迷いがそのまま悟りだと知ることなのだ。

つまり、これはよく禅でいう「生死即涅槃《しょうじそくねはん》」ということです。迷いがそのまま悟りだということ、それを「無碍」というのです。そうなれば、老病死にまつわる苦しみや恐怖なども、すべて阿弥陀さまの胸の中での出来事にすぎません。

私たちの中の自分本位な執着、そしてそこから次々と現れる「自分は正しい」「あいつに負けてくやしい」「自分はあんな奴より偉い」といった思いが、何の役にも立たないものであることがわかったら、もう実にさばさばとしたあけっぴろげな世界に出ることができるということ。それが「無碍の一道」にほかなりません。

しかも、聖人は、天の神も地の神もこのような念仏者を敬うし、人間をたぶらかす悪魔も、最近の怪しい新興宗教のように真実の教えから誘い出そうとするものも、阿弥陀さまと一緒に歩む念仏者の生き方を妨げることはできないというのです。

念仏者は、生きている限り、相変わらず我欲や煩悩《ぼんのう》から完全に解放されることはありませんが、そういう自分の姿に気づくことで、罪や祟《たた》りを恐れながらびくびくして生きていく必要はなくなります。

私たちは老病死をはじめ、さまざまな災厄《さいやく》を免れることはできません。それにもかかわらず、「魔界外道」のせいとされる障害を取り除くために、天や神仏に祈ったり、魔除け、厄除けをしたりしていますが、それらも己のみよかれとする自己中心、我欲追求の愚かさから発するものでしかありません。そのことがわかれば、もう何ものにもすがる必要はありません。

よく「幽霊の正体見たり枯れ尾花《おばな》」といいますが、怖い怖いと思っていると、ススキの穂まで幽霊に見えてしまうようなことは誰にもおこりえることです。そのような心の動きをしかと理解することが、仏道における「無碍の一道」ということで、すべての歪《ゆが》みは、私たちの心から発するというのが釈尊以来の仏教の本道といってよいでしょう。

第八章
そんなに頑張らなくていい

南無阿弥陀仏という念仏は、その道を歩む人には、修行でもなく、善行《ぜんこう》でもありません。

自力で称《とな》えるものではないので「行ではない」というのであり、自分の意志で行う善でもないので、「善ではない」というのです。

ひとえに阿弥陀さまの本願の力で、自分の意志をはるかに超えているから、その道を歩む者には「念仏は行でもなく善でもない」のです。

【原文】

念仏は行者のために、非行・非善なり。わがはからひにて行ずるにあらざれば、非行といふ。わがはからひにてつくる善にもあらざれば、非善といふ。ひとへに他力にして、自力をはなれたるゆへに、行者のためには非行・非善なりと云々《うんぬん》。

【解説】

親鸞聖人の浄土教に限らず、真の宗教というものは、私たちに何一つ要求も注文もつけません。その代わり、私たちからの要求や注文にも、何一つ応じてはくれません。それが本当の宗教であることを忘れてはなりません。

「え、じゃあ、なぜ信じなくてはならないの？」とあなたはいうかもしれません。本当の宗教はギヴ・アンド・テイクではなく、すべて絶対者側からの贈りもの、つまり、ギヴ・アンド・ギヴなのです。聖書に「叩けよ、さらば開かれん」とありますが、実は叩く前に救いの門は開かれているのです。それを本章の冒頭では「念仏は行者のために、非行・非善なり」というのです。

念仏の中にあるのは、ただ法＝道理に逆らわずに従う力、それ以外何もありません。それに気づいたとき、初めてそれに背くいままでの生き方からの回心《えしん》が可能となるのです。法＝道理のはたらきを「他力」といってもよいのです。当然、それに背くあり方が「自力」ということになります。

もうみなさんはおわかりのように、その法＝道理からの呼びかけに対して、それにお任せしようというのが念仏、すなわち南無阿弥陀仏なのです。

親鸞聖人によれば、たった一回声に出して称える念仏の中に、阿弥陀さまの全部の功徳が入っているというのです。だから念仏の瞬間に、私たちは阿弥陀さまの功徳の中に包まれているということです。

念仏は行者のためには積むべき善でも、励むべき行でもない。よかれと思って励もうとしても、そんなものは善でも行でもない、といわれるのです。積む善や励む行はしょせん功利主義であり、善や行を手段にして何かを得ようとするものにすぎません。

ここでいう「行者」とは、第一章に述べられている「弥陀の誓願不思議」を信じて「念仏申さん」と思い立った念仏行者のことです。阿弥陀さまに救われた人の称える念仏こそ「他力の念仏」というのです。他力の念仏とは、「他」すなわち阿弥陀さまの熱い願い（本願）によって称えさせられる念仏なのですから。

ひるがえって、阿弥陀さまに救われていない人は、念仏を称えているのだから、「救われて当然」とか、「きっといい報いがある」というように、念仏を自分が救われるための「行」や「善」だと思っているのです。これを「自力の念仏」というのです。

ここには「罪福」を信じる心があります。罪福とは、善い行いには善い結果が、悪い行いには悪い結果が伴うという、人間の勝手な思い込みのことです。おとぎ噺《ばなし》のように、正直者がいい思いをしても、馬鹿を見ても、それは本来人間の尺度《しゃくど》に従ったものでしかありません。勧善懲悪《かんぜんちょうあく》はあくまで人間の論理であって、えてしてそれは自分の貧しさや愚かさや弱さに泣く人間を度外視した強者の論理でもあるのです。

正に「色即是空」。無常な存在（色）としての私たちも、阿弥陀さまの真理（空）と一体となるとき、色はもはや単なる色ではありません。「他力の念仏」はあらゆる自力のはからいが無力であることを悟ったあとの、称えさせられる阿弥陀さまの誓いの念仏なのです。だから、「他力の念仏」は自分の思慮や分別で励む行でも善でもないから、「非行・非善」すなわち、行にあらず、善にあらずといわれるのです。

第九章
煩悩とともに生きる

大いなる阿弥陀《あみだ》さまの御名《みな》を称《とな》えていましても、躍《おど》り上がるような喜びが湧いてこないし、また喜び勇んで浄土へ参りたいという心もおきません。これは一体どういうわけなのでしょう、と親鸞聖人に申し上げましたら、次のようにお答えになりました。

私もそのような疑問がありましたが、唯円房《ゆいえんぼう》も同じ気持ちだったのですね。しかし、よくよく考えてみれば、救われる縁なき者が救われる不思議には、躍り上がるほど喜ぶでしょうから、喜べないからこそ、いよいよ阿弥陀さまの真実の世界へ生まれ変わることは決定的だと思うべきなのですよ。

さらに続けて、このようにおっしゃいました。

喜ぶはずの心を喜ばせないのは、煩悩《ぼんのう》のはたらきなのです。ところが阿弥陀さまのほうでは、とっくの昔から、そんな私たちを欲と迷いの塊《かたまり》であると見抜いておられます。そうしますと、阿弥陀さまの本願はこのような私たちのためにこそあったのだと気がついて、いよいよ頼もしく思われてくるのですよ。

また、浄土という阿弥陀さまの真実の世界へも喜び勇んで行きたいという気持ちもなく、ちょっとした病気でもすれば、このまま死んでしまうのではないかと心細くなってしまうのも、煩悩のしわざなのです。

果てしない過去からいままで、生まれ変わり、死に変わりしてきたこの苦しみ多き世界は、故郷のように捨てがたく、まだ生まれたことのない安らかな阿弥陀さまの浄土が恋しく思えないのは、よくよく私たちの煩悩が燃えさかっているからなのです。

しかし、いくら名残《なごり》おしくても、この世の縁が尽きて、なすすべもなくいのちを終えるときには、阿弥陀さまの浄土へ行くことができるのです。

急いで浄土へ行こうとする心のない者を、いっそう阿弥陀さまはいとおしく憐《あわ》れんでくださるのですよ。

このように考えると、いよいよ阿弥陀さまの大いなる本願は頼もしく感じられ、浄土への往生は間違いないと思います。

むしろ、躍り上がるような喜びに満ち、喜び勇んで浄土へ参りたいと思うようであったら、私（親鸞）は煩悩もなく、浄土に行けないのではないかと、かえって心配になるのではないでしょうか。

【原文】

念仏申し候へども、踊躍歓喜《ゆうやくかんき》のこころおろそかに候ふこと、またいそぎ浄土へまひりたきこころの候はぬは、いかにと候ふべきことにて候ふやらんと、申しいれて候ひしかば、親鸞もこの不審ありつるに、唯円房《ゆいえんぼう》おなじこころにてありけり。よくよく案じみれば、天にをどり、地にをどるほどに、よろこぶべきことをよろこばぬにて、いよいよ往生は一定とおもひたまふべきなり。よろこぶべきこころをおさへて、よろこばざるは煩悩の所為《しょい》なり。しかるに仏かねてしろしめして、煩悩具足の凡夫《ぼんぶ》と仰せられたることなれば、他力の悲願は、かくのごときのわれらがためなりけりとしられて、いよいよたのもしくおぼゆるなり。また浄土へいそぎまひりたきこころのなくて、いささか所労のこともあれば、死なんずるやらんとこころぼそくおぼゆることも、煩悩の所為なり。久遠劫《くおんごう》よりいままで流転せる苦悩の旧里《きゅうり》はすてがたく、いまだむまれざる安養《あんよう》の浄土はこひしからず候ふこと、まことによくよく煩悩の興盛《こうじょう》に候ふにこそ。なごりおしくおもへども、娑婆《しゃば》の縁尽きて、ちからなくしてをはるときに、かの土へはまひるべきなり。いそぎまひりたきこころなきものを、ことにあはれみたまふなり。これにつけてこそ、いよいよ大悲大願はたのもしく、往生は決定《けつじょう》と存じ候へ。踊躍歓喜のこころもあり、いそぎ浄土へもまひりたく候はんには、煩悩のなきやらんと、あやしく候ひなましと云々《うんぬん》。

【解説】

本章も一種の逆説を通して、その論理の裂け目から浄土教の本質が露《あら》わになるというような一章です。

私たちは何らかの宗教体験をすると、それ以後、いままでとはうって変わった喜びいっぱいの生活ができるような幻想にとらわれがちですが、そんな甘いものではありません。多分、唯円にも、最初は「仏教ってこんなにすばらしいものなのか」と思った瞬間があったのでしょう。でも、続かない。阿弥陀さまの道を歩いているのだから、はち切れんばかりの喜びがあってしかるべきなのに。

親鸞聖人にそのことを尋ね、「実をいえば、私にもそういう疑問があったのだ。そうか、唯円よ、君も同じであったか」という返事をもらった唯円は、うれしかったに違いありません。彼は親鸞聖人の口から「それでいいんだ」といってほしかったのだと思います。多分、自分の念仏の道が正しいか否かよりも、それが師の歩んできた道と同じかどうかのほうが、実は大切だったはずです。親鸞聖人と同じ道を歩んでいることを、聖人自身の口から証明された唯円の喜びはいかばかりだったでしょうか。

念仏しても喜べない、死にたくない、というところにしか、所詮《しょせん》私たち凡夫はいないのです。それを知り抜いた阿弥陀さまは、そういう私たちのためにこそ、本願を立ててくださったのです。

「そうか、喜べないのか、死にたくないのか、そんなことはとうにわかっている。そうするしかないお前たちなのだ。だからこそ、私という存在が必要なのだ。そのままでいいいんだ。肩の力を抜き、煩悩まみれのいまのまま、私を信じて歩いていけばいいいんだ」と私たちに告げてくださっているのです。

阿弥陀さまの本願に出合って、信仰の道に入ったのに、念仏してもうれしくならず、ちょっと体の具合が悪いと、死ぬのではなかろうかと考えてしまう私たち。苦しみの娑婆は離れがたく、まだ行ったこともない浄土とやらも一向に行きたい気持ちになりません。

そういう私たちに救いの焦点を当ててくださっているのが阿弥陀さまなのです。とすれば、安心して突っ張ることなく、我慢することなく、自然体で生き、そして死ねばいいいんだ、と聖人はいわれるのです。

人間なら誰しも、悩み、患い、惑い、そのたびに気分の浮沈《ふちん》を繰り返すものです。そういう惑いがすっかりなくなって、毎日喜びっぱなしで、いつでも死ねるというのなら、いまさら阿弥陀さまなど必要なく、お寺は商売上がったりということでしょう。

とかく自堕落《じだらく》な私たちは、「親鸞聖人や唯円もそうなら、私たちが喜べないのは当たり前」と安易に共感し、懺悔《ざんげ》も歓喜もない平板な自分の信仰を都合よく正当化してしまうかもしれません。

しかし、よく読めば、聖人と唯円のこの対話は、阿弥陀さまにすでに救われた人同士の懺悔であって、はじめから歓喜も懺悔もない者たちが、喜ばぬことを手柄のように思っているのと、同一に論ずることはできません。

二人の対話は、永劫《えいごう》の迷いは切れぬまま、広大な世界に救われたことを確信しつつも歓喜の興奮がおこらない、という人間の罪障《ざいしょう》の深さを前提とするものです。それこそが煩悩のしわざであり、どこまでも深い煩悩こそが、逆に救われる種になるという逆説がこの章のポイントをなしているのです。

考えてみれば、このような対話がなされること自体が、すでに人間の自力的努力を超えた、仏の世界に既に出合っている証拠といってよいでしょう。相も変わらず、休みなく煩悩に追い回されながらも、それを見据えているお二人は、人間の本性をとうに見通しておられる阿弥陀さまの認識を、すでに共有していることは確かです。

　要は「生きていること」から「生かされていること」への回心。すべてが阿弥陀さまの御心《みこころ》のままであれば、死もまた阿弥陀さまから平等に与えられるもの、人間の尺度で偉い、偉くないを云々することはないのです。どんなに見苦しい死であっても、人は「沙婆の縁尽きて、ちからなくしてをはるときに、かの土へはまひるべき」でしかないのですから。

第十章　いまひとたびの人生

大いなる阿弥陀《あみだ》さまの御名《みな》を呼ぶことで、浄土という真実の世界に生まれ出ることができることは、人間の理性ではまったく理解できないものです。それはその世界が、言葉も及ばず、想像することもはるかに超えているからなのです。

【原文】

念仏には無義をもつて義とす。不可称《ふかしょう》・不可説《ふかせつ》・不可思議《ふかしぎ》のゆへにと仰せ候ひき。

【解説】

『歎異抄』全体がおさまる第一章では、阿弥陀さまによる救いは私たちの信心一つだけを必要としている、と述べられていました。だから、この書の「念仏」は阿弥陀さまの本願への信心を得た上での念仏、つまり他力の念仏であり、信心が定まっていない念仏とは似て非なるものです。

やはり第一章に「弥陀《みだ》の誓願《せいがん》不思議」という語句がありました。阿弥陀さまが私たちのために立てられた誓願が不思議なのですから、私たちがそれに呼応して称《とな》える念仏も不思議というしかありません。第一、その念仏そのものが、自分が称えるのではなく、称えさせられるのであり、そこには阿弥陀さまの五劫《ごこう》（無限の時間）にわたる修行の功徳がすべて含まれているというのですから。

それは、いわば全宇宙の功徳を包含したもので、「無我」すなわち阿弥陀さまの本願に対する疑いやはからいが完全に抜けたものでなければなりません。

つまり、功利性や自力があとかたもない念仏、阿弥陀さまの本願にすべてを任せ切った念仏ということです。自力が少しでも残っている限り、どんなに念仏を称えても、阿弥陀さまに救われきることはありません。

しかし、自分の心を捨てよ、捨てることも捨てよ……と無限に捨てようとしても、その捨てようとする自力が残ってしまいます。とすれば、私たちはいまの自分のままで、すべてを阿弥陀さまにお任せするしかありません。そのとき口をついて出てくるのが念仏ということです。

その念仏は私たちのはからいによって称えるものではなく、阿弥陀さまの誓願不思議から出てきたものですから、私たちの言葉も及ばず、解き明かすことも、考えることさえ超えたものだというのです。

私たちに必要なのは、念仏との一体感の中で自在性を得ること。それはあたかも鳥が空を飛び、魚が水中を泳ぐようなものです。どうやって君たちは飛び、泳いでいるんだと聞くのは愚問《ぐもん》というもの。彼らはただ宇宙の真理に身を任せているにすぎないのです。

鳥が空を疑わないように、魚が水を疑わないように、阿弥陀さまの本願に対しての疑いやはからいがきれいに払われたとき、宇宙の真理と一体の生き方が可能になります。

なぜなら、そのときすでに私たちは、阿弥陀さまと一体の「南無」する自分、すなわち「南無阿弥陀仏」そのものを生きているのですから。「他力の念仏」とは「私が」ではなく、念仏が念仏を称えることなのです。

中序　唯円の歎き

振り返ってみると、親鸞《しんらん》聖人がまだご存命であったころ、同じこころざしを持って、関東からはるばる京の都に上り、信心を一つにして、阿弥陀さまの真実世界に生まれ変わりたいと願った人々は、みな聖人にお会いして、直接、本願についての教えを伺ったものでした。

しかし、その人々から仏法をお聞きして念仏をする老若男女《ろうにゃくなんにょ》が多くなるにつれて、近頃はその中に、聖人の教えとは異なる諸説を述べる人々がいると、私は伝え聞いております。

それらは、まったく根拠のない異義にすぎませんが、その問題点をこれより事細かに吟味《ぎんみ》してみましょう。

【原文】

そもそもかの御在生《ございしょう》のむかし、おなじこころざしにして、あゆみを遼遠《りょうえん》の洛陽《らくよう》にはげまし、信をひとつにして、心を当来《とうらい》の報土にかけしともがらは、同時に御意趣をうけたまはりしかども、そのひとびとにともなひて念仏申さるる老若、そのかずをしらずおはしますなかに、上人（親鸞）の仰せにあらざる異義《いぎ》どもを、近来はおほく仰せられあふて候ふよし、伝へうけたまはる。いはれなき条々の子細のこと。

【解説】

『歎異抄』は十八章ありますが、そのうち最初の十章は唯円が親鸞聖人から直《じか》に聞いて、耳の底に残る教えをそのまま述べ、残りの八章は世間にはびこり始めた、聖人の教えから逸脱《いつだつ》した異説を歎《なげ》いている章群から成り立っています。前者を「師訓《しくん》篇」、後者を「歎異篇」ということもあります。要は、後八章はこれまでの十章を基準にして、世間の異説を批判しているのです。

だから、前十章と後八章は明らかにその性格を異にし、この第十章後半の中序が、『歎異抄』後半の口火を切る形になっています。

これまでの十章が、阿弥陀さまの本願や他力の念仏の原理に即して、それをどこか思弁的に語っていたのに対して、後八章は世間の現実の生活やその中での価値に即して、批判的に語っている点にあざやかな対比があるといってよいでしょう。

ですから、前序と中序は同じ枠組みにおいて語られていることは事実ですが、『歎異抄』全体を前半と後半に分けるにあたって、親鸞聖人の御説示を「信をひとつにして、心を当来の報土にかけ」て承《うけたまわ》った弟子たちも、やがてその弟子、またその弟子と時代を下るに従って、ますます聖人の教えから離れた異説がはびこってくる、という当時の世間の宗教事情を歎いているのです。

第十一章　エリート主義の陥穽

学問的知識にはうといが、ひたすら念仏を称《とな》えている人に向かって、「あなたはすべてを救おうという人間の理解を超えた弥陀《みだ》の本願《ほんがん》を信じて念仏を称えているのか、ただ南無阿弥陀仏という名号《みょうごう》の不思議な力を信じて念仏を称えているのか」と、相手が驚くような議論を吹っかけて、二つの不思議の詳しい謂《い》われをはっきりと解き明かさずに人の心を混乱させるようなことは、心してつつしまなければならないことです。

阿弥陀さまは、大いなる本願のはたらきによって、誰でも覚えやすく、称えやすい名号を考え出して、「この名号を称える者を真実の世界へ迎え入れよう」と私たちに約束してくださっています。

阿弥陀さまの慈悲による本願の不思議なはたらきによって、迷い多き生き方を脱することができると信じ、「念仏を称えることは、阿弥陀さまの慈悲によって初めてできることだ」と納得できれば、まったく自分のはからいが混じらないため、本願と一体となって阿弥陀さまの真実の世界に生まれ変わることができるのです。

つまり、私たちの理解を超えた本願のはたらきを、仏法の核心として受け入れることができれば、すでに南無阿弥陀仏という名号の中に不思議な力も内蔵されているのですから、本願と名号の不思議はもとより一つであり、何ら異なることなどないのです。

次に、自らの分別で、人間の行いを二つに分け、〝これは往生のため助けとなる善行《ぜんこう》〟〝これは往生の妨《さまた》げになる悪行〟と考えたりするのは、本願の大いなる慈悲にすべてをお任せすることなく、自分の考えによって往生のための行に打ち込むことですから、念仏すら自力の行としてしまうことになります。このような自力の人は、名号の不思議な力も、同様に信じているとはいえません。

けれども、親鸞聖人がこういう不信心の人でも、「阿弥陀さまはとりあえず仮の浄土（浄土の辺地）に、そしてついには本当の浄土へお救いになる」といわれるのも、名号の不思議の力によるものなのです。

これも、もともと本願の不思議なはたらきのためなのですから、本願と名号との不思議な力というのも、もとより一体のものといってよいでしょう。

【原文】

一文《いちもん》不通のともがらの念仏申すにあふて、「なんぢは誓願《せんがん》不思議を信じて念仏申すか、また名号不思議を信ずるか」と、いひおどろかして、ふたつの不思議の子細をも分明にいひひらかずして、ひとのこころをまどはすこと、この条《じょう》、かへすがへすもこころをとどめて、おもひわくべきことなり。

誓願の不思議によりて、やすくたもち、となへやすき名号を案じいだしたまひて、この名字をとなへんものを、むかへとらんと御約束あることなれば、まづ弥陀の大悲大願の不思議にたすけられまひらせて生死を出づべしと信じて、念仏の申さるるも、如来の御はからひなりとおもへば、すこしもみづからのはからひまじはらざるがゆへに、本願に相応して実報土に往生するなり。これは誓願の不思議をむねと信じたてまつれば、名号の不思議も具足して、誓願名号の不思議ひとつにして、さらに異なることなきなり。つぎにみづからのはからひをさしはさみて、善悪のふたつにつきて、往生のたすけさはり、二様《ふたよう》におもふは、誓願の不思議をばたのまずして、わがこころに往生の業《ごう》をはげみて、申すところの念仏をも、自行になすなり。このひとは名号の不思議をもまた信ぜざるなり。信ぜざれども辺地《へんじ》・懈慢《けまん》・疑城《ぎじょう》・胎宮《たいぐう》にも往生して、果遂《かすい》の願（第二十願）のゆへに、つひに報土に生ずるは、名号不思議のちからなり。これすなはち誓願不思議のゆへなれば、ただひとつなるべし。

【解説】

第一章が「師訓篇《しくん》」の総論的役割を果たしていたように、この第十一章も「歎異篇」の総論をなしているように思われます。その中心にあるのは、本来一体であるはずの阿弥陀さまの「誓願」と南無阿弥陀仏という「名号」に分けてしまうという、人間の分別という業に根ざしています。

「誓願不思議」と「名号不思議」はもとより表裏一体のもの。その不可分なものを二つに分けることで物事がわかったかのように考えてしまう、人間の知性のあり方が、ここで問われているのです。

冒頭の一文のような言葉は、生半可《なまはんか》な知識でもって、素朴に本願を信じてひたすら念仏に励む人々を見下げて混乱させる屁理屈《へりくつ》にすぎません。阿弥陀さまの誓願の大いなる功徳を心から信じることができれば、そこには南無阿弥陀仏の功徳もおのずから備わってくることはいうまでもないのです。

もう一つの問題は、私たちが、善行は往生の助けとなり、悪行は往生の妨げとなる、と自分の分別で行為を善悪の二つに分けて考えるということ。これは、まったく本願のはたらきを知らないからである、というのです。そのような人は、阿弥陀さまの本願に心からお任せすることがなく、自分の意思や能力で、往生のための行として、念仏を称えているにすぎません。それは念仏を自力的救済の手段として行っているということです。

浄土教の原点は、阿弥陀さまの無限の功徳によって、いつでもどこでも称えやすい名号を考え出してくださったことと、この名号を称える人は誰でも救おうという誓願にあります。したがって、先に述べたように、私たちを憐《あわ》れむ阿弥陀さまの慈悲の広大な力に助けられて、人生最大の問題である生死の迷いや苦悩から解脱できるのだ、と信じて念仏するのも、それは自分の力で称えるのではありません。すべて阿弥陀さまのおはからいによって念仏させていただいているのですから、そこに人間の側のはからいは、混じりようがないのです。それを自分の力と思うとすれば、親鸞聖人が「悪人正機」といわれているのに、私たちはどこまでも「善人正機」で、しかも自分のことを善人だと信じて疑わないようなものです。

しかし、このように本願の功徳や名号の功徳を信じていない人でも、「辺地・懈慢・疑城・胎宮」には生まれることができる、すなわち、本願を信じて念仏することにあまり熱心でなく、疑いすら抱いている人でも、浄土の辺地には往生することができるというのです。

これは「仮身土往生」といって、先に述べた「二種回向《えこう》」と合わせて、親鸞聖人の最も重要な思想といってよいでしょう。すなわち阿弥陀さまの誓願をまったく疑わずに信じ、名号を称えた人の往生するところを「実報土」。対して、健康に不安を持つ人がやたら医者を変えてみたり、いろんなサプリメントをのんだりするのと同じで、阿弥陀さまの本願と名号の不思議に肚が決まらない人の往生するところが「仮身土」。「仮身土」とは、浄土は浄土でも、中心からははるかに遠い辺地ということなのです。

そして、この辺地にしか行けなかった人も、そこで修行すれば、いつかは「実報土」つまり本当の浄土に生まれ変わることができる、というのが「仮身土往生」の眼目です。そして、その実報土へ往生できた人は、菩薩となってこの世に戻り、苦難の中にあえいでいる衆生を救う、という構造なのです。

先にも触れましたが、親鸞聖人の最も重要な思想である「二種回向」も「仮身土往生」も、私は仏教伝来以前の日本人の原始的信仰の名残だと思っています。つまり、魂はこの世とあの世を行ったり来たりする。そして、すべての魂は、その善悪にかかわらず、必ずあの世に行けるのだという信仰です。

源信《げんしん》の『往生要集《おうじょうようしゅう》』のころになって、浄土との対比で地獄も生まれてきますが、もともと魂の循環と絶対平等を素朴に信じた日本人には、キリスト教のように魂の行き場を二つに分ける最後の審判の思想はなかったのです。

このように、親鸞聖人の本願念仏は、おそらく右に述べたような日本人の他界観を下敷きにして、大乗《だいじょう》仏教における万民救済を、その極点まで広げたものといってよいでしょう。

大切なのはただ一つ。第一章にあったように「念仏申さんとおもひたつこころのおこる」ことなのです。また、親鸞聖人はいいます。「ほんとうに信心決定した念仏者をば、諸仏と等しいという」。いまの世が終わったとき、来世には仏の地位が約束されている弥勒《みろく》菩薩と同じであるということです。

第十二章　学問と信仰の間

信心が深く念仏にも一所懸命だけれど、経典や注釈書を学ばない者は往生できるかどうかわからないなどということは、いうにも足らない屁理屈《へりくつ》であるといってよいでしょう。

本願他力の真の趣旨を説き明かしているさまざまな聖経の心は、本願を信じ念仏を称《とな》えれば、真実の生き方に生まれ変わることができる、ということにすぎません。それ以外にどのような学問が不可欠の条件というのでしょうか。

この道理を理解できずに迷っている人は、どのようにしても学問に励んで、阿弥陀さまの本願の心を解明すべきでしょう。経典やその注釈を読んで学んでも、聖教の本当の趣旨を心から理解できないとしたら、はなはだ気の毒というしかありません。

学問的知識もなく、経典の理解もままならない人々が、称えやすいようにと立てられた南無阿弥陀仏の名号《みょうごう》であるからこそ、易行《いぎょう》というのです。学問を第一とするのは聖道門《しょうどうもん》であり、その道は難行と名づけられておりま す。

思い違いをして、学問した結果、富や名声を求め、そこに滞ってしまう人の、来世の往生はどんなものになるか、という、親鸞聖人が書かれた証拠となる文章もございます。

最近は、もっぱら念仏に励む人と、禅や密教など聖道に歩む人が、互いに議論を吹っかけ合って、「私の宗旨《しゅうし》こそ勝っている、あんたの宗旨は劣っている」などと非難しているから、それぞれの教えに対する敵対者も現れ、また仏法への悪口も出始めているのです。しかしながらこれは、自らの仏法もおとしめていることにならないでしょうか。

たとえ、他のさまざまな仏法を説く学者たちがこぞって、念仏は無能な連中たちのためのもので、その宗旨ははなはだ浅薄《せんぱく》なものだといってきたとしても、逆らうことはありません。

「私たちのように仏道修行に劣った学問もない者でも、信じれば救われるということを信じているだけですから、自らの力で仏の真実の道を歩んでおられる立派な方々から見たらいやしいかもしれませんが、私たちには最高の教えなのです。たとえ、他の教えが勝っていても、自分たちの能力では及びもつかないものですので、その教えに生きることはできないのです。私たちもあなた方も、この迷いの生活から開放されることが、すべての仏たちの本来の願いなのです。だから、私たちが念仏を称えることを邪魔しないでください」といって、ことさら反抗の姿勢を見せない限り、どんな人も敵視することはないでしょう。

また、論争のあるところには、さらにさまざまな煩悩《ぼんのう》がおこってくるものだから、知恵のある者はそこから遠ざかっていなければならない、という趣旨の文章もあります。

いまは亡き親鸞聖人はこのように仰せになりました。

「この教えを信ずる人もあり、非難する者もあって当然である、と仏陀《ぶっだ》が説いていることだから、私はすでに信じておりますが、それを非難する人もいるでしょう。だからこそ、仏の説くところは真実であったとわが身に受けとめることができるのです。これによって、本願による救いはますます確かになったと思うべきなのですよ。

もし、教えを非難する人がいない場合には、どうして信ずる者がいるのに、非難する人がいないのだろうかと、きっといぶかしく思われるでしょう。

このように申し上げたからといって、必ずしも人に非難されなければならないというのではありません。仏陀は、正しい教えを広めようとすれば、信ずる人も非難する人もあることをお見通しになっていて、非難されたからといって人の疑いがおこらないようにと説きおかれていたのですよ」

ところが、昨今《さっこん》では、学問をすることで他の人からの批判を封じ、ただただ論争や問答こそ大切なのだと身構えているのではないでしょうか。
学問するなら、いっそう阿弥陀如来の真のおこころざしを察し、その慈悲による本願の大いなる主旨をよく知り、能力の劣った人や「往生は可能だろうか」などと心配している人に、もとより本願には善と悪、浄と不浄の区別などないのだよ、と説くことができてこそ、学者の存在価値もあろうというものです。

たまたまの仏縁により、ただ無心に、本願に即した念仏に生きている人に向かって、学問してこそ往生もできるのだ、などとおどかしたりすることは、まさに仏法を妨げる魔障《ましょう》、仏の怨敵《おんてき》にほかなりません。自分自身が阿弥陀さまに頼る他力の信心が欠けているだけではなく、間違って他人をも迷わせてしまうことになるのです。

これは先師の教えに背くもので、つつしんで恐れ、また、憐《あわ》れむべきことです。それが阿弥陀さまの本願ではないということを。

【原文】

経釈《きょうしゃく》をよみ学せざるともがら、往生不定《ふじょう》のよしのこと。この条《じょう》すこぶる不足言《ごん》の義《ぎ》といひつべし。他力真実のむねをあかせるもろもろの聖教は、本願を信じ念仏を申さば仏《ぶつ》に成る、そのほか、なにの学問かは往生の要《よう》なるべきや。まことにこのことわりに迷へらんひとは、いかにもいかにも学問して、本願のむねをしるべきなり。経釈をよみ学すといへども、聖教の本意をこころえざる条、もつとも不便《ふびん》のことなり。一文《いちもん》不通にして経釈の往く路《じ》もしらざらんひとの、となへやすからんための名号におはしますゆへに、易《い》行《ぎょう》といふ。学問をむねとするは聖道門《しょうどうもん》なり、難行となづく。あやまつて学問して名聞《みょうもん》利養《りよう》のおもひに住するひと、順次の往生いかがあらんずらんといふ証文も候ふぞかし。当時、専修《せんじゅ》念仏のひとと聖道門のひと、法論《ほうろん》をくはだてて、「わが宗こそすぐれたれ、ひとの宗はおとりなり」といふほどに、法敵も出できたり謗法《ほうぼう》もおこる。これしかしながら、みずからわが法を破謗《はぼう》するにあらずや。たとひ諸門こぞりて、「念仏はかひなきひとのためなり、その宗あさしいやし」といふとも、さらにあらそはずして、「われらがごとく、下根《げこん》の凡夫《ぼんぶ》、一文不通のものの、信ずればたすかるよし、うけたまはりて信じ候へば、さらに上根《じょうこん》のひとのためにはいやしくとも、われらがためには最上の法にてまします。たとひ自余の教法すぐれたりとも、みづからがためには、器量およばざればつとめがたし。われもひとも生死をはなれんことこそ、諸仏の御本意にておはしませば、御さまたげあるべからず」とて、にくひ気せずば、たれのひとかありて、あだをなすべきや。かつは諍論《じょうろん》のところにはもろもろの煩悩おこる、智者遠離すべきよしの証文候ふにこそ。故聖人（親鸞）の仰せには、「この法をば信ずる衆生もあり、そしる衆生もあるべしと、仏説きおかせたまひたることなれば、われはすでに信じたてまつる。また、ひとありてそしるにて、仏説まことなりけりと、しられ候ふ。しかれば往生はいよいよ一定とおもひたまふべきなり。あやまってそしるひとの候はざらんにこそ、いかに信ずるひとはあれども、そしるひとのなきやらんともおぼへ候ひぬべけれ。かく申せばとて、かならずひとにそしられんとにはあらず。仏のかねて信謗《しんぼう》ともにあるべきむねをしろしめして、ひとの疑ひをあらせじと、説きおかせたまふことを申すなり」とこそ候ひしか。いまの世には学文《がくもん》してひとのそしりをやめ、ひとへに論義問答むねとせんと、かまへられ候ふにや。学問せば、いよいよ如来の御本意をしり、悲願の広大のむねをも存知《ぞんじ》して、いやしからん身にて往生はいかがなんどあやぶまんひとにも、本願には善悪浄穢《じょうえ》なき趣をも説ききかせられ候はばこそ、学生のかひにても候はめ。たまたまなにごころもなく、本願に相応して念仏するひとをも、学文してこそなんどいひをどさるること、法の魔障なり、仏の怨敵なり。みづから他力の信心かくるのみならず、あやまつて他を迷はさんとす。つつしんでおそるべし、先師（親鸞）の御こころにそむくことを。かねてあはれむべし、弥陀の本願にあらざることを云々《うんぬん》。

【解説】

本章の異義者の主張は「お経や注釈書を学ばない者は、阿弥陀さまの浄土へ往生できない」ということです。これは世間的に考えれば必ずしも間違っているようには見えません。現代に生きる私たちには、ただ信じることほど難しいことはなく、何か疑問に突き当たったら、人に聞くなり、自分で調べるなりしなければ納得できないからです。それに仏教に限らず、何も勉強しないより、勉強したほうがよいように考えられるからです。つまり、それほどまでに、現代は人間の自力性が重んじられる時代なのです。

しかし、唯円は「これは論ずるに足りない」ばかげたことだ、といいます。親鸞聖人の語った言葉はあまりにも単純で、「本願を信じ、念仏申さば仏になる」ということのみ。つまり、念仏以外にどんな学問も不要であるというのです。ここに親鸞思想の核心があるといってよいでしょう。

たいていの宗教は不断の祈りや修行が必要とされたり、戒律《かいりつ》を守ることが求められたりして、救われるまでに気の遠くなるような激しい努力が必要とされますが、親鸞のいう念仏はたちどころに私たちを救ってしまうのです。それどころか、えてして、そのような祈りや修行そのものが自意識を含み、実は救いの妨げにさえなるともいうのです。

しかし、我執の強い私たちには、修行も善行もなかなか捨て切れるものではありません。大切なのは、ただ阿弥陀さまの本願にすべてを任せ切るだけなのに、法然《ほうねん》聖人ですらそれまでに三十年、親鸞聖人も二十年を要したのです。それほどまでに自力＝善人性の壁は高かったということでしょう。

学問も同様で、奈良、平安時代の仏教が南都北嶺《ほくれい》（奈良や比叡山）の学問仏教であったことを考えれば、それが最大限に重視され、悟りへの道の手段であるばかりか、当時の宗教界での出世の道具であったことは否めません。これに対し、法然聖人の専修念仏や親鸞聖人の他力念仏は、修行、祈禱《きとう》、寄進《きしん》など旧仏教に付着していたあらゆる成道《じょうどう》手段を徹底的にそぎ落としてしまいました。

浄土真宗では、よく「門徒もの知らず」ということがいわれます。これは門徒たる者は信心だけが大切で、他は何も知らなくてよいということ。阿弥陀さまの本願を信じることのみに一途《いちず》で、世間のしきたりなどには無知・無関心の門徒に対して、当初は、「真宗門徒は常識がなく、無智な集団だ」という侮蔑《ぶべつ》の言葉だったと思いますが、それを真宗門徒は逆手にとって、むしろ「門徒もの知らず」といわれるほど、信心一途でなければだめなんだと表現したのでしょう。

ただ、信心第一はいうまでもないことですが、それは決して学問そのものの否定ではありません。救済にとって第一義的に必須なものではないという意味であって、この世界に学問など必要なし、とするような頑《かたく》なな態度は、聖人の柔軟心とは矛盾すると思います。

原文にも「あやまつて学問して」とあるように、当時の学問（それはいまでも同じ）が方向を誤って、「名聞利養」つまり、富や名声に心が奪われてしまうことをいっているのです。

日本浄土教の祖ともいうべき源信《げんしん》すら、若いとき、天皇に仏法をご進講し、そのお礼に下賜《かし》された紫の衣を母に贈ったところ、「お前は何のために仏教を学んでいるのだ、名声のためか」と母にいわれ、己の学問の方向性の間違いに気づいたとする逸話があります。無教養な母のほうが、信仰の核心をしっかりとらえていたということでしょう。

原文にも「経釈をよみ学すといへども、聖教の本意をこころえざる条、もつとも不便のことなり」、すなわち、学問しても、聖教の本当の心がうなずけないのは、何とも哀れなことである、といわれております。しかし、同時に、学問するなら、ますます阿弥陀さまの本当の御心を知り、その悲願の広大さをも了解して、自分のように浅ましく、愚かな者でも往生できるのだろうかと不安になっている人にも、阿弥陀さまの本願はあらゆる人間的条件を問題にしない、と教えてあげなさい。それこそが学問をやっている甲斐《かい》というものだ、ということです。

第十三章　本願に甘えて

阿弥陀《あみだ》さまの本願《ほんがん》が不思議な救済の力を持っているからといって、その本願につけ上がって悪を犯すのを恐れないことは、「本願ぼこり」といって、浄土への往生はできないということについて。このように主張するのは阿弥陀さまの本願を疑い、この世で善を行うのも、悪を行うのも、因縁により生み出されることを悟っていないからです。

人間においては、善い心がおこってくるのも、過去になした善い行いがそうさせるのであり、悪いことをしようという思いがおこってくるのも、過去の悪業がそうさせているのです。

いまは亡き親鸞《しんらん》聖人のお言葉に、兎《うさぎ》や羊の毛先についている塵《ちり》のような小さな罪もすべて、そこには無限の過去の因縁がはたらいている、とあります。

また、あるとき（親鸞）聖人が、「唯円房《ゆいえんぼう》は私のいうことを信じるか」とお尋ねになるので、私は「もちろんでございます」と申し上げました。そうしたら、「じゃあ、私のいうことに背くことはないか」と重ねて念を押されたので、つつしんで承諾しましたところ、「まず人を千人殺してもらおうか、そうしたらそなたの往生は確実になるであろう」とおっしゃるのです。

「お言葉でございますが、私のこの器量で一人だって殺せるとも思えません」と私が申し上げると「それではなぜ親鸞のいうことに背かないといったのですか」と仰せになりました。さらに言葉を続けて、「これでわかるでしょう。何事においても心のままになせることならば、浄土往生のためだから千人殺せといわれたら、すぐにそうできるはずですよ。しかし、一人でも殺すことができる因縁がないから、殺せないのです。自分の心が善いから殺さないのではありません。また殺せないと思っても、百人でも千人でも殺してしまうこともあるのです」。つまり、私たちの心が善ければ、救われると思い、悪ければ、やはり救われないと思い、自分の善悪の基準に固執《こしゅう》することで、大いなる本願の不思議なはたらきによって助けられていることを知らない、ということをおっしゃっておられたのです。

その昔、仏法からはずれた考えにつかれた人がおりました。悪事を犯した者を助けようとするのが阿弥陀さまの本願なのだからといって、わざと好んで悪を犯し、往生の条件にできるといっていたのです。いろいろよくないうわさが聞こえてきましたときに、（親鸞）聖人が、薬があるからといって毒を好んではならない、とお手紙にお書きになったのはそのような間違った執念《しゅうねん》を止めようとなされたからです。

だからといって決して悪事が往生の障害になるというわけではありません。もし、戒律を保つことによってのみ、本願を信じることができるのであれば、私たちはいかにして迷いの生き方を脱することができるのでしょうか。このように浅ましい身であっても、本願に出合ってこそ、本当に本願に甘えることもできるのです。そうかといって、身に悪事を犯す因縁が備わらなければ、決して勝手に悪事を犯すことなどできはしないのです。また、（親鸞）聖人は「海や川に網《あみ》を引き、釣りをして暮らしを立てている者も、野山に獣を狩り、鳥をつかまえていのちをつなぐ者も、商売をしたり、田畑を耕やして生きている人もまったく同じことであり、しかるべき因縁が呼びかけてくれれば、どんな行いでもやってしまうだろう」とおっしゃっています。

最近は、後世の救いを願う者のふりをして、善人だけが念仏を称えてもよいと考えたり、あるいは「これこれの事をした者は、道場に入ってはならない」などと貼り紙をしたりする者がいるようです。このような人は表面的には真剣な念仏行者を装っていますが、その内面には虚偽《きょぎ》を抱え込んでいるのではないでしょうか。

「本願ぼこり」において犯される罪であっても、それは人間には底知れない過去の因縁のはたらきによるものにすぎないのです。そうであるなら、善いことも悪いことも、すべて過去の因縁をそのまま受け入れて、ひたすら本願にすべてをお任せすることこそが、他力ではないでしょうか。『唯《ゆい》信鈔《しんしょう》（法然聖人の門下で、親鸞には先輩にあたる聖覚《せいかく》の著した書物）』の中にも「阿弥陀さまにはどれくらいの力がおありになるのか知った上で、罪深い私では救われがたいと思うのであろうか」と述べられています。本願に甘える心があってこそ、本願の他力を頼る信心もしっかり定まってくるのです。

　そもそも悪業《あくごう》や煩悩《ぼんのう》をすっかり断ち切ってから、本願を信ずるということならば、本願につけ上がる気持ちもなくて結構なことでしょうが、煩悩を断ち切ってしまえば、そのまま仏になってしまうわけで、それではどうしても衆生を救いたいという阿弥陀さまの本願も無意味になってしまうでしょう。

「本願ぼこり」を非難する人々も、煩悩や不浄をたっぷり抱えておられるのではないでしょうか。それも本願にほこっていることではないでしょうか。

どのような悪を「本願ぼこり」といい、またいかなる悪を「本願ぼこり」でないというのでしょうか。「本願ぼこり」では往生できないというのは、かえって幼稚な考えではないでしょうか。


【原文】

弥陀《みだ》の本願不思議におはしませばとて、悪をおそれざるは、また本願ぼこりとて、往生かなふべからずといふこと。この条《じょう》、本願を疑ふ、善悪の宿業《しゅくごう》をこころえざるなり。

よきこころのおこるも、宿業のもよほすゆへなり。悪事のおもはれせらるるも、悪業のはからふゆへなり。故聖人（親鸞）の仰せには、「兎毛羊毛《うのけひつじのけ》のさきにいるちりばかりもつくる罪の、宿業にあらずといふことなしとしるべし」と候ひき。

またあるとき、「唯円房はわがいふことをば信ずるか」と仰せの候ひしあひだ、「さん候ふ」と申し候ひしかば、「さらばいはんこと、たがふまじきか」と、かさねて仰せの候ひしあひだ、つつしんで領状申して候ひしかば、「たとへばひとを千人ころしてんや、しからば往生は一定すべし」と仰せ候ひしとき「仰せにては候へども、一人もこの身の器量にては、ころしつべしともおぼえず候ふ」と、申して候ひしかば、「さてはいかに親鸞がいふことを、たがふまじきとはいふぞ」と。「これにてしるべし。なにごとも、こころにまかせたることならば、往生のために千人ころせといはんに、すなはちころすべし。しかれども、一人にてもかなひぬべき業縁《ごうえん》なきによりて害せざるなり。わがこころのよくてころさぬにはあらず。また害せじとおもふとも、百人千人をころすこともあるべし」と、仰せの候ひしは、われらがこころのよきをばよしとおもひ、悪しきことをば悪しとおもひて願の不思議にてたすけたまふといふことを、しらざることを仰せの候ひしなり。そのかみ邪見《じゃけん》におちたるひとあつて、悪をつくりたるものをたすけんといふ願にてましませばとて、わざとこのみて悪をつくりて、往生の業とすべきよしをいひて、やうやうにあしざまなることのきこえ候ひしとき、御消息に、「薬あればとて毒をこのむべからず」と、あそばされて候ふは、かの邪執《じゃしゅう》をやめんがためなり。まつたく、悪は往生のさはりたるべしとにはあらず。持戒持律《じかいじりつ》にてのみ本願を信ずべくば、われらいかでか生死をはなるべきやと。かかるあさましき身も、本願にあひたてまつりてこそ、げにほこられ候へ。さればとて身にそなへざらん悪業は、よもつくられ候はじものを。また、「海・河に、網をひき、釣をして、世をわたるものも、野山に、ししをかり、鳥をとりて、いのちをつぐともがらも、商ひをし、田畠《でんばた》をつくりて過ぐるひとも、ただおなじことなり」と。「さるべき業縁のもよほさば、いかなるふるまひもすべし」とこそ、聖人（親鸞）は仰せ候ひしに、当時は後世者ぶりして、よからんものばかり念仏申すべきやうに、あるいは道場にはりぶみをして、なんなんのことしたらんものをば、道場へ入るべからずなんどといふこと、ひとへに賢善精進《けんぜんしょうじん》の相を外にしめして、内には虚仮《こけ》をいだけるものか。願にほこりてつくらん罪も、宿業のもよほすゆへなり。されば、善きことも悪しきことも、業報《ごうほう》にさしまかせて、ひとへに本願をたのみまいらすればこそ、他力にては候へ。『唯信抄』にも、「弥陀、いかばかりのちからましますとしりてか、罪業の身なれば、すくはれがたしとおもふべき」と候ふぞかし。本願にほこるこころのあらんにつけてこそ、他力をたのむ信心も決定しぬべきことにて候へ。おほよそ、悪業煩悩を断じ尽してのち本願を信ぜんのみぞ、願にほこるおもひもなくてよかるべきに、煩悩を断じなば、すなはち仏に成り、仏のためには、五劫思惟《ごこうしゆい》の願、その詮《せん》なくやましまさん。本願ぼこりといましめらるるひとびとも、煩悩不浄具足せられてこそ候ふげなれ。それは願にほこらるるにあらずや。いかなる悪を本願ぼこりといふ、いかなる悪かほこらぬにて候ふべきぞや。かへりてこころをさなきことか。

【解説】

そもそも、自分の行為とはどのように成り立つのでしょうか。善いことを行うにしても、悪いことを行うにしても、それはまったく自由意思から行ったように見えて、実は無量無数の因縁が関係していることは明らかです。

しかし私たちは、善いことをしても、無数のご恩や縁起によって、そうさせてもらったのだということを忘れ、つい思い上がってしまうものです。逆に、悪いことをしても、周りの誰かれを責めたり、単に間が悪かったのだと居直り、その背後の縁起に気づこうともしません。

原文には「よきこころのおこるも、宿業のもよほすゆへなり。悪事のおもはれせらるるも、悪業のはからふゆへなり」とあり、人間のあらゆる行為の背景には、

「宿業」すなわちすべての思いを超えた過去の無限の因縁があるというのです。

この「宿業」を従来の解釈のように、ただ前世の因縁に限定する必要はありません。私たちがいまこうして生きて、あれこれの行為をしているのも、すべて太古からのさまざまな因縁の産物でないものは一つもないのです。

その無限の因縁を忘れて、私たちはとかく善にほこるということがあります。自分はこれだけ善いことをしているのだから、善い報いがあるはずだ、というような。それは紛れもなく、一種の思い上がりであって、背後にある無数の因縁を無視しているにすぎません。

「わがこころのよくてころさぬにはあらず」という親鸞聖人の言葉は単純ですが、千金の重みがあります。逆に殺すまいと思っても、百人はおろか、千人でも殺してしまうこともあるのが、人間というこの不思議な存在といってよいでしょう。

大岡昇平《おおおかしょうへい》の『俘虜記《ふりょき》』という小説の扉に、この言葉が掲げられているのも、戦争という殺し合いの中で、自分の行為という不思議に作者が直面せざるを得なかったからでしょう。

人間の行為の善悪は私たちの制御を超えて、自らなしたことの善悪ではなく、宿業としかいいようがない面があります。

私たちは、日々他の生物《いきもの》を食べて生きていますが、たまたま私たちはいのちあるものを、わが手にかけて殺さずに生きてきただけです。それも、私の心が善くて殺さないのではないでしょう。根本仏教の中でも、釈尊《しゃくそん》は、自分で殺すのと、殺させるのではどちらの罪が重いかと問うています。人に殺させるほうが、自覚や反省がないので罪は重いというのが、釈尊の結論です。日々、肉や魚や野菜を食べて生きている私たちも、肉屋さんや漁師の方やお百姓さんたちの手を経ることで、罪の意識から解放されているにすぎません。

「わがこころのよくてころさぬにはあらず」も聖人の鋭い「悪人」の自覚が吐かしめたものにすぎません。

私たちは素朴にも、自分の心は自分で自由に操れるものと思っておりますが、それは事実ではありません。法然聖人も「心の主となるも、心を主とするなかれ」と警告しておられますが、私の心は私のものであって、私のものではないのです。

たとえば、夏目漱石の『こゝろ』では、主人公は若いときに叔父に裏切られた経験から、決して自分は裏切るまいと思って生きてきながら、その裏切るまいとする心そのものが、人を裏切ってしまうという、心の不思議が辿《たど》られています。この不思議なる私の心を直視しようとしたからこそ、この小説に『こゝろ』という題がつけられたに違いありません。

大切なことは、自分の意思や能力ではどうにもならないという自覚があってこそ、「弥陀の誓願不思議」との出合いがあるということ。気がついてみたら、生きとし生けるものを救わずにはいられない阿弥陀さまの誓願がこの世に満ち、しかも自分にも届いていたという発見、それが誓願と他力に対する不思議と感動でとらえられているのです。

そのような真理のはたらきを受けとめたとき、人はそのはたらきに従順であるしかありません。とすれば、従順であることと、甘えることとの間は、そこまで自分が存在することとの不思議を受けとめているか否かの違いにすぎません。

このように考えてみれば、阿弥陀さまの本願に甘えてつけ上がり、悪事をなすという「本願ぼこり」なども、すべて宿業、すなわち無数の因縁の連鎖の上でのこと。しかも、親鸞聖人の独特なところは、この因果律《いんがりつ》を、私たちが救われるための阿弥陀さまの誓願不思議の力であると説いたことにあるのです。

これが『歎異抄』全体の基本的立場といってよいでしょう。この因果の法すなわち阿弥陀さまがはじめから用意してくださった本願を私たちが認識しようとしまいと、私たちが、その真理の中ですでに生きているということは抗《あらが》いがたい事実なのです。このように考えれば、人がなす善も悪も、とるに足りません。

そもそも、釈尊が悟った宇宙の真理の前で、無常の原理にさらされた人間の存在などはかないものだ、というのが仏教の根本的な立場です。しかし、そのはかなさを突き詰めた極点で向き直り、その絶対の真理にこの身をすべて任せてしまえばよいというのが、誓願不思議の思想にほかなりません。そこには、紛《まぎ》れもなく絶望と希望が同居しており、それは現代を生きる私たちにも、十分通用する思想であると思われます。

第十四章　念仏は滅罪の手段？

「南無阿弥陀仏」とたった一回念仏を称《とな》えるだけで、八十億劫《こう》という時間に私が犯してきた重い罪をすっかり消すことができるのだと信じなさいということについて。

これは日ごろ念仏を一度も称えたことのない、十悪五逆《ぎゃく》というきわめて重い罪を犯した悪人が、いよいよいのちが尽きるとき、たまたま徳の高いお坊さんの導きで、一回の念仏により八十億劫の十倍の八百億劫の罪を消して、浄土へ往生することができたという経典に基づくものであります。

これは十悪と五逆の罪の重さの違いを知らせるために、一念（一回念仏を称えること）と十念（十回念仏を称えること）の滅罪《めつざい》の効力の差を述べているのでありましょうか。つまり、念仏が滅罪に有効であるといっているのです。しかし、滅罪を目的として念仏するのは、私たちが信ずる念仏とは似て非なるものです。

阿弥陀さまの慈悲溢《あふ》れる本願がなかったならば、私たちのように浅ましくも罪深き人間が、どのようにしてこの悩みと苦しみの迷いの世界から脱却できるというのでしょう。そのように考えれば、一生の間称える念仏は、どれもすべて阿弥陀さまの大いなる慈悲のご恩への感謝にすぎないと思わねばなりません。

念仏を称えるたびに、自分がこれまでに犯した罪が消えると信じることは、自力によって滅罪して往生しようと努力することにほかなりません。もしそうなら、一生の間のありとあらゆる思いは、すべて生死という迷いに束縛《そくばく》されていますから、いのちが尽きるまで不断に念仏を称え続けて、初めて往生できるということになってしまいます。

とはいえ、人間の前世の因縁には、人々の力ではどうにもならない限界があります。予想外のことにめぐり合い、病気の苦しみがひどくて、死を目前に心乱れて念仏を称えて終わることができないかもしれません。その間にも積もる罪はどのようにして消したらよいのでしょうか。その罪が消えなかったら、往生できないというのでしょうか。

私たちを残らず救ってくださり、決してお捨てにならない、阿弥陀さまの本願を信じておすがりすれば、どんな思いがけないことがおころうとも、死にぎわに罪を犯し、念仏を称えずにいのちが終わろうとも、本願のはたらきで私たちはただちに浄土へ往生できるのです。

また、死のまぎわに念仏が称えられたとしても、それはいままさに悟りを開き、仏になるときが近づいて、いよいよ阿弥陀さまの慈悲におすがりし、救われるご恩への感謝を表す念仏にほかなりません。

念仏を称えて罪を消して浄土に往生しようというのは、自力の発想にすぎず、いのちの終わるときに、心の乱れをなくして、念仏往生しようとする人ですから、しょせん他力の信心とは無縁のことなのです。

【原文】

一念に八十億劫《こう》の重罪を滅すと信ずべしといふこと。この条は、十悪・五逆の罪人、日ごろ念仏を申さずして、命終《みょうじゅ》のとき、はじめて善知識のをしへにて、一念申せば八十億劫の罪を滅し、十念申せば、十八十億劫の重罪を滅して往生すといへり。これは十悪・五逆の軽重をしらせんがために、一念・十念といへるか、滅罪の利益なり。いまだわれらが信ずるところにおよばず。そのゆへは、弥陀の光明に照らされまひらするゆへに、一念発起するとき金剛の信心をたまはりぬれば、すでに定聚《じょうじゅ》の位にをさめしめたまひて、命終すれば、もろもろの煩悩悪障《あくしょう》を転じて、無生忍《むしょうにん》をさとらしめたまふなり。この悲願ましまさずば、かかるあさましき罪人、いかでか生死を解脱すべきとおもひて、一生のあひだ、申すところの念仏は、みなことごとく如来大悲の恩を報じ、徳を謝すとおもふべきなり。念仏申さんごとに、罪をほろぼさんと信ぜんは、すでにわれと罪を消して、往生せんとはげむにてこそ候ふなれ。もししからば、一生のあひだおもひとおもふこと、みな生死のきずなにあらざることなければ、いのち尽きんまで念仏退転せずして往生すべし。ただし業報《ごうほう》かぎりあることなれば、いかなる不思議のことにもあひ、また病悩《びょうのう》苦痛をせめて、正念に住せずしてをはらん、念仏申すことかたし。そのあひだの罪をば、いかがして滅すべきや。罪消えざれば往生はかなふべからざるか。摂取不捨《せっしゅふしゃ》の願をたのみたてまつらば、いかなる不思議ありて罪業をおかし、念仏申さずしてをはるとも、すみやかに往生をとぐべし。また念仏の申されんも、ただいまさとりをひらかんずる期のちかづくにしたがひても、いよいよ弥陀をたのみ、御恩を報じたてまつるにてこそ候はめ。罪を滅せんとおもはんは自力のこころにして、臨終正念といのるひとの本意なれば、他力の信心なきにて候ふなり。

【解説】

本章のテーマは「滅罪」、つまり念仏で自分の犯した罪を「滅して往生」できるか、ということです。それでは親鸞聖人のいわれる罪とは一体何でしょうか。

第一章には「罪悪深重《ざいあくじんじゅう》、煩悩熾盛《ぼんのうしじょう》の衆生をたすけんがための願にまします」という言葉があり、第三章のいわゆる「悪人正機」の章でも「煩悩具足《ぐそく》のわれらは」という言葉が見えます。本章でも、また次の第十五章でも「煩悩悪障」という言葉が出てきます。

だから、『歎異抄』における罪悪を、世間にいうところの意味で解してしまうと、いまいちピンと来ないのではないでしょうか。少なくとも私たちは、法律や世間の規則を大きく逸脱して生きているわけではないという認識を持っているのですから。

私の尊敬する金子大栄《かねこだいえい》師の説明は明快です。師は、そもそも、「人間であるということ、人間に生まれたという、人間であることそのことが罪悪なの」であり、それが『歎異抄』の立場であるといわれるのです。少し長くなりますが、大切なことですので引用しておきましょう。

罪といえば、ただ犯すものだけを考えて人間であることとの罪の深さというものをそう感じない。その人間と生まれた以上は、いわゆる宿業として、人間生活そのものが罪であるというふうなことを思い知らせるものが、煩悩ということでなければならない。罪をつくったおぼえのない人でも、煩悩がないとは言い切れぬでしょう。煩悩がある限りは、煩悩というのがはたらくのが罪なのであるからして、その限りにおいて、煩悩が絶えないということは、すなわち「罪悪深重」ということである。

それでは、煩悩というのは何でしょうか。おおよそ宗教というものが人間の救済を目的とする限り、その基本が人間の本質への洞察に置かれていることは変わりませんが、仏教は特にこの洞察が深いといってよいと思います。

仏教の人間観を代表するものとして、「三毒・五悪」ということがいわれますが、それは私たちの心に潜む本性を露《あら》わにするものです。まず三毒とは私たちを常につき動かしている欲望と怒りと愚かさで、これらによって、いつも私たちはイライラし、不安を抱え、他者との対立を繰り返しております。また、五悪というのは、人間生活の悪に対する洞察を指したもので、殺生したり、盗んだりという人間のよくない営みの根本には、害し合い、欺《あざむ》き合い、乱し合い、軽んじ合い、逆らい合わずにはいられない性向があるということを見抜いたものです。

以上のような人間として抱え込んでしまっている本性、それが煩悩ということであって、それを私たちは文字どおり煩《わずら》い、悩んでいるわけです。

さて、本章のテーマに入りますが、このような煩悩によって人類が八十億劫という果てしない時間に犯してきた罪も、一回の念仏で滅するということができることを信じなさい、という異説がここで取り上げられています。

それに対して、「滅罪の利益を計算して念仏するなどとはもってのほか、他力の信心とははるかに隔たったものだ」というのが、唯円の考えです。「他力の信心」とはいうまでもなく、阿弥陀さまの誓願不思議に出合うことで、この世にいながら、心のあり方がガラッと変わってしまうことです。

そして、唯円は次のようにいいます。「阿弥陀さまの輝かしい光明に照らされまして、私たちの心に信仰心がおこるとき、すでに私たちはダイヤモンドのように固い信心を賜っています。阿弥陀さまは私たちをすでに必ず浄土へ救うという保証つきの地位に置いてくださっておりますから、私たちのいのちが尽きたとき、またまた不思議なことには、私たちが生前に抱え込んでいたさまざまな煩悩や悪障が、そのまま浄土往生の因となり、大涅槃《だいねはん》の悟りを開かせてもらえるのです」

――これが本章の眼目であります。

とすれば、念仏して罪を消して、浄土に往生しようとするのは余分なことであり、しかもそれは自力救済の念仏にすぎません。私たちが一生称える念仏というのは、すでに阿弥陀さまの光明の中で救われていることの確認と感謝の応答でしかないはずです。

第十五章　仏となる道

煩悩《ぼんのう》にまみれた身のままで、この世で悟りを開き、仏となるということ。それはとんでもないことです。

即身成仏（この生身の体のままで仏になること）は、空海が伝えた真言密教の教えの根本であり、三密すなわち身と口と心の行を積んで得た悟りの成果なのです。六根清浄《ろっこんしょうじょう》（すべての感覚と精神を清浄にすること）というのも、最澄が伝えた法華《ほっけ》一乗の教えが説くところであって、身と口と心についての誤りを離れ、慈悲の心を養う行の結果として初めて得られる功徳なのです。

これらはすべて、優れた能力を持つ人々が行ずる難しい行であり、精神を統一して仏をイメージすることによって実現する悟りにほかなりません。

それに対して、浄土に生まれ変わり、そこで悟りを開くというのが、私たち他力浄土門の教えであり、そのために本願力への信心を定める道となるのです。

これこそ、実行が容易で能力の低い人々のための行で、善人も悪人も差別しない教えなのです。

だいたい、いのちある間は煩悩や罪悪を一切断ち切ることはきわめて困難ですから、真言や法華の行者ですら、次の生で悟りを開きたいと祈るくらいなのです。

まして、戒律《かいりつ》も守らず、修行もせず、知恵もない私たちがこの世で悟りを開くことは土台無理なのです。しかし、阿弥陀《あみだ》さまの本願の船に乗り、生死という苦しみの海を渡って、浄土の岸に辿《たど》り着けば、煩悩の黒い雲がまたたくまに晴れ、真理の悟りの月がたちまち現れて、余すところなく四方八方を照らす阿弥陀さまの光と一つになって、一切の生きとし生けるものを救うことができるでしょう。そのときにこそ、真に悟りを開くといえるのです。

この生身の体のままで悟りを開くというような人は、釈尊《しゃくそん》のように、迷える人に応じて三十二相とか、それに付随する八十相を備えて姿を現し、法を説いて、人々を救おうとでもいうのでしょうか。そうであってこそ、この身のままで悟りを開く手本といってよいでしょう。

親鸞《しんらん》聖人の書かれた『高僧和讃《こうそうわさん》』には、「金剛石《こんごうせき》のような堅固極まりない信心が確立するときを待ってこそ、阿弥陀さまの衆生救済の本願から発する光が、信者を救い、永遠に六道流転の苦しみを遠ざけるのだ」とあります。信心が定まったそのとき、信者を光の中におさめた阿弥陀さまにより、その信者は永劫《えいごう》に六道を輪廻《りんね》することはなく、永遠に生死の迷いを離れることができるのです。このように受けとめることを、悟りを開くということと混同してよいものでしょうか。それはまったく歎《なげ》かわしいことであります。

【原文】

煩悩具足《ぐそく》の身をもつて、すでにさとりをひらくといふこと。この条《じょう》、もつてのほかのことに候ふ。即身成仏は真言秘教の本意、三密行業《さんみつぎょうごう》の証果《しょうか》なり。六根清浄はまた法華《ほっけ》一乗《いちじょう》の所説、四安楽《しあんらく》の行の感徳《かんとく》なり。これみな難行上根《じょうこん》のつとめ、観念成就のさとりなり。来生の開覚《かいかく》は他力浄土の宗旨、信心決定の通故《みちゆえ》なり。これまた易行下根《げこん》のつとめ、不簡善悪の法なり。おほよそ今生においては、煩悩悪《あく》障《しょう》を断ぜんこと、きはめてありがたきあひだ、真言・法華を行ずる浄侶《じょうりょ》、なほもつて順次生のさとりをいのる。いかにいはんや、戒行《かいぎょう》・慧解《えげ》ともになしといへども、弥陀の願船に乗じて、生死の苦海をわたり、報土の岸につきぬるものならば、煩悩の黒雲はやく晴れ、法性《ほっしょう》の覚月すみやかにあらはれて、尽《じん》十方の無碍《むげ》の光明に一味にして、一切の衆生を利益せんときにこそ、さとりにては候へ。この身をもつて、さとりをひらくと候ふなるひとは、釈尊《しゃくそん》のごとく種々の応化《おうげ》の身をも現じ、三十二相・八十随形好《ずいぎょうこう》をも具足して、説法利益候ふにや。これをこそ、今生にさとりをひらく本とは申し候へ。『和讃《わさん》（高僧和讃・七七）』にいわく、「金剛堅固の信心の、さだまるときをまちえてぞ、弥陀の心光摂護《しんこうしょうご》して、ながく生死をへだてける」とは候ふば、信心の定まるときに、ひとたび摂取して捨てたまはざれば、六道に輪廻《りんね》すべからず。しかれば、ながく生死をばへだて候ふぞかし。かくのごとくしるを、さとるとはいひまぎらかすべきや。あはれに候ふをや。「浄土真宗には、今生に本願を信じて、かの土にしてさとりをばひらくと、ならひ候ふぞ」とこそ、故聖人（親鸞）の仰せには候しか。

【解説】

本章のテーマは、聖道門《しょうどうもん》の悟りと浄土門の悟り（救い）との異同にかかわる問題です。真言宗や法華（天台）宗などは「即身成仏」、すなわちこの身のままで悟りを開くことを主眼としておりますが、浄土教は「彼《か》の土《ど》の悟り」を説いてきました。

本章における異義者の主張は、他力念仏を称えれば「煩悩を備えた身のままで、悟りを開くことができる」というもので、このような異義が生じてくる背景には、親鸞聖人ご自身の言葉、「真実信心をえたる人をば、如来とひとし（本当の信心を得た人は、如来に等しい）」があると思われます。

親鸞聖人としては、「浄土の真実信心の人は、この身こそあさましき不浄造悪の身なれども、心はすでに如来とひとしければ、如来と申すこともあるべし」と不浄造悪の私たちの救済確定を獲信《ぎゃくしん》（信心を獲得する）の時点まで前倒ししただけなのですが、門弟たちの中には、曖昧《あいまい》なままそれを「即身成仏」すなわち仏と凡夫《ぼんぶ》が一体になることと誤解したのです。

唯円にしてみれば、煩悩を備えたままの衆生が「自分は仏になった」といえば、自分が何か人間を超えた存在になり、いうことなすことすべてが正当化されてしまうというような危機感を抱いたのかもしれません。

しかし、真言宗の「即身成仏」や法華宗の「六根清浄」はしょせん「難行上根のつとめ、観念成就のさとり」と原文にあるように、もともと行うのは難しく、「上根」すなわち優れた能力を持つ者にふさわしい行であり、「観念成就」という精神統一して菩薩をイメージすることで完成する悟りであったはずです。

たとえば法華思想では、私たちが悟りを開けないのは、六根、すなわち六つの感覚器官と意識が汚れているからだと説きます。汚れは煩悩ですから、六根の煩悩を滅することで悟りを開こうとするのです。しかし、親鸞聖人は、煩悩の汚れを清浄にしようとする意識そのものが煩悩だと見たのです。そうなると、私たちには自力で悟りに到達する道はなく、その自力救済の破綻《はたん》こそが、阿弥陀さまの本願念仏の入り口と見るのです。

もとより、煩悩を滅し切った存在を仏というのであって、煩悩につき動かされている私たちは、いくら信仰に熱心でも、一生凡夫の生き方から逃れるすべはないのです。

思うに、中世と現代では死生観が異なります。中世の人々は「あの世」に比重を置いて生きていました。つまり、あの世に永遠の安楽な世界を期待し、この世は仮の世界と考えていたのです。この感覚はいまの私たちにも残っておりますが、現代ははるかに現世に比重を置いた世界です。

したがって、『歎異抄』を現代の私たちの感性に近づけて読むとすれば、生前と死後に分けて、従来のように、肉体が死ななければ、信仰は完結しないと考える必要はないと思います。そのほうが宗教というものを、私たちのいまの生き方に即して受け入れることができると思うからです。

むしろ、阿弥陀さまと私たちの関係は、現世と来世ではなく、有限と無限との次元転換にその本質があるのです。阿弥陀さまの本性は光明無量・寿命無量といわれますが、その無量とは量《はか》りきれないというのではなく、文字どおり、量ではないということです。

また孫悟空の比喩《ひゆ》を出しますが、彼は無限に到達しようとしましたが、それはお釈迦さまの手の中にすぎませんでした。お釈迦さまは、その手の中の外に広がる無限であって、私たちはその無限を有限の知で認識しようとしているにすぎません。

このように考えてくると、親鸞聖人にとっては、無限を有限の力でとらえる孫悟空のやり方が聖道門だといわれるのでしょう。聖人によれば、私たちの認識力を超えた無限は、向こうから現れてくださるというのです。私たちがいくらこれは無限だといっても、それは有限の知でとらえた「無限」にすぎません。決して「無限」そのものを私たちはとらえることはできません。むしろ、そう認識させるはたらきこそ「無限」といわれるのです。私たちはただ、その「無限」のはたらきに、すべてを任せて生きていけばよいのです。

第十六章　真実の生き方への転換

本願を信じて念仏している人が、思わず腹を立てたり、悪いことをしでかしたり、同門の仲間と口論などをしたときには、必ず回心《えしん》しなさいということについて。このことは、悪を断ち、善をおさめるという自力の発想なのでしょうか。

本願を信じ、ひたすら念仏のみに生きる人においては、回心ということは、生涯に一度しかあってはならないものです。

その回心というのも、ふだん本願他力の真の教えを知らない人が、阿弥《あみ》陀《だ》さまのお智恵をいただいて、いままでの自力を頼む心がけではとても往生できないと知って、日ごろの心を転換して、本願にすべてをお任せするのを、回心というのです。

人のいのちとは出る息、入る息を待たずして尽きるはなはだはかないものであります。もしも、あらゆることについて、朝に夕に回心して初めて往生をとげることができるとしましょう。その場合、悪いことをしたのに回心もせず、穏やかで何事にも耐え忍ぶ心境に至るまでに臨終を迎えたら、いかなる人も救ってお捨てにならない、阿弥陀さまの誓願《せいがん》は無意味になってしまうのでしょうか。

口では、阿弥陀さまの本願にすべてをお任せしています、といいながら、心の底では、悪人を救う本願がいかに不思議であるといっても、やっぱり善人をこそ救うのだろうと思い込んでしまっている人は、それだけ阿弥陀さまの願力を疑い、他力を頼む心も欠けております。たとえ浄土に往生できても、それは真の浄土ではなく、その周辺にしか行けないのは、はなはだ歎《なげ》かわしく思わねばならないことです。

ひとたび信心が定まってしまえば、浄土往生はひとえに阿弥陀さまのおはからいで実現することですので、私たちのはからいが入ってはなりません。

したがって、自分の心がけが悪いとしても、それだけにますます、こんな自分でもお救いくださる阿弥陀さまの願力にお頼みするならば、自然の道理により穏やかで忍耐強い心も備わってくるはずです。

すべて、あらゆることにつけ、阿弥陀さまの浄土へ往生することを願うなら、こざかしい思いを交えず、ただほれぼれと阿弥陀さまのご恩の深く、篤いことを、常に思い出すべきです。

そうすれば、おのずから念仏も浮かんでくるものです。これが聖人の仰せられる自然《じねん》ということです。自分のはからいでないものを自然というのです。そして、これがすなわち、他力ということであります。

この自然が本願力のはたらきとは別のものであると、もの知り顔にいう人があるということを伺っていますが、これも何ともあきれかえったことです。

【原文】

信心の行者、自然《じねん》にはらをもたて、あしざまなることをもをかし、同朋同侶《どうぼうどうりょ》にもあひて口論をもしては、かならず廻心《えしん》すべしといふこと。この条《じょう》、断悪修善《だんあくしゅぜん》のここちか。一向専修のひとにおいては、廻心といふこと、ただひとたびあるべし。その廻心は、日ごろ本願他力真宗をしらざるひと、弥陀の智慧《ちえ》をたまはりて、日ごろのこころにては往生かなふべからずとおもひて、もとのこころをひきかへて、本願をたのみまひらするをこそ、廻心とは申し候へ。一切の事に、あしたゆふべに廻心して、往生をとげ候ふべくば、ひとのいのちは、出づる息、入る息をまたずして、をはることなれば、廻心もせず、柔和・忍辱《にんにく》のおもひにも住せざらんさきに、いのちつきば、摂取不捨の誓願はむなしくならせおはしますべきにや。口には、願力をたのみたてまつるといひて、こころにはさこそ悪人をたすけんといふ願、不思議にましますといふとも、さすがよからんものをこそ、たすけたまはんずれとおもふほどに、願力を疑ひ、他力をたのみまいらするこころかけて、辺地の生をうけんこと、もつともなげきおもひたまふべきことなり。信心定まりなば、往生は弥陀にはからはれまひらせてすることなれば、わがはからひなるべからず。わろからんにつけても、いよいよ願力を仰ぎまひらせば、自然のことわりにて、柔和・忍辱のこころも出でくべし。すべてよろづのことにつけて、往生には、かしこきおもひを具せずして、ただほれぼれと弥陀の御恩の深重なること、つねはおもひいだしまひらすべし。しかれば念仏も申され候ふ。これ自然なり。わがはからはざるを、自然と申すなり。これすなはち他力にてまします。しかるを、自然といふことの別にあるやうに、われ物しりがほにいふひとの候ふよし、うけたまはる。あさましく候ふ。

【解説】

人は信仰に入るとき、回心が必ず訪れます。それまでの心が大きく変わり、目が開かれるのです。文字どおりそれは心の向きがコペルニクス的に転回することであり、世界観や人生観が大きく変化します。

親鸞聖人も「『回心』といふは、自力の心をひるがえし、すつるをいふなり」といわれていますが、その要点は「自力の心」の死といってよいでしょう。

それを受けた唯円は、本章において、回心とは「ふだん本願他力の真の教えを知らない人が、阿弥陀さまのお智恵をいただいて、いままでの自力を頼む心がけではとても往生できないと知って、日ごろの心を転換して、本願にすべてをお任せする」ことと定義しています。ここでは「日ごろの心を転換して、本願にすべてをお任せする」に力点が置かれ、「阿弥陀さまのお智恵」という無限大と「往生できない」無限小の私との出会い、そこに回心といわれる事情がよく説明されております。

それに対して、本章の異義は「本願を信じて念仏している人が、思わず腹を立てたり、悪いことをしでかしたり、同門の仲間と口論などをしたときには、必ず回心するべきだ」というものです。

このように見てくると、親鸞聖人・唯円と異義の間にはほとんど次元の違いというほどの断層があることは一目瞭然《りょうぜん》といってよいでしょう。回心とは人生の一大転機をいうのであり、「信心の行者」が本当に「一向専修のひと」であるなら、回心ということが生涯に一度しかあってはならない、というのは当たり前でしょう。

それを一日に何度あってもおかしくない、腹立ちや小さな悪事や口論のたびに回心しなければならないというのは、心得違いもはなはだしいというしかありません。

このような異義が生まれてくる背景には、道徳と宗教に関する心得違いがあることは明らかです。異義のあげるさまざまな悪行はしょせん反省の材料にはなりえても、断じて回心の材料になるものではないのです。

これらの蓄積があるとき、さらなる悪事を転機として、自分の悪人性についての気づきとなり、そこからいままで気づきもしなかった超越者に向き直る、ということもないわけではありません。すっかり習性となってしまった自分の悪人性は、もはや自力ではどうにも直らないという気づき、それも小さな悟りといってよいでしょう。

それが自分を無限に超えた存在に対する信心を生むのです。私が以前の章で宗教とは道徳・倫理の終わったところから始まると申し上げたのも、この意味においてだったのです。

冒頭の「信心の行者」とは、『歎異抄』の前提からいえば、もとより人間の理性を超えた阿弥陀さまの本願に導かれて信心を得て「念仏申さんとおもひたつこころ」のおこった一向専修の念仏者ですから、その人がたった一日に何度も回心を繰り返さねばならない、というのはまさに笑止千万というしかないでしょう。

これでわかるように、異義を称える人々は、信心さえ定まったら、阿弥陀さまが必ず往生させてくださるので、自力に頼るべきではないという本願念仏が根底からわかっていないのです。だから、自らの判断によって、どこまでもあくせくと回心を繰り返さなければならないと思っているのです。

私たちは罪障深い存在であればあるほど、浄土への往生はひとえに阿弥陀さまのはたらきなのですから、人間の側の是非善悪の判断を去って、「こざかしい思いを交えず、ただほれぼれと阿弥陀さまのご恩の深く、篤いことを、常に思い出す」とよいのです。

本章の最後の一節を繰り返しお読みください。そこに親鸞聖人の本願念仏の本質が余すところなく表れています。

第十七章　善悪の彼岸

浄土の周辺にしか往けなかった人は、結局は地獄《じごく》に落ちることにしかならないということについて。

この主張の証拠となる経典はどのようなものでしょうか。しょせん、学者ぶる人々の中から言い出されたことで、情けないことです。経典やその論争をどのようにお読みになっているのでしょうか。

信心が不足したまま念仏する行者は、阿弥陀《あみだ》さまの本願《ほんがん》を疑っていますので、念仏の功徳によって浄土に往生することはできますが、その周辺にしか生まれ変わることができません。しかし、その疑いの罪を償《つぐな》ったのちに、あらためて真実の浄土に往生し、悟りを開くことができると伺っております。

阿弥陀さまは、本願を心から信ずる念仏行者が少ないために、多くの人に、せめてひとまず、仮の浄土への往生をすすめておられるのです。にもかかわらず、結局は地獄に落ちてしまい、仮の浄土への往生は無駄であるなどといいますのは、阿弥陀さまに嘘《うそ》の罪を着せることになってしまうでしょう。

【原文】

辺地往生をとぐるひと、つひには地獄におつべしといふこと。この条《じょう》、なにの証文にみえ候ふぞや。学生《がくしょう》だつるひとのなかに、いひいださるることにて候ふなることそ、あさましく候へ。経論《きょうろん》正教をば、いかやうにみなされて候ふらん。信心かけたる行者は、本願を疑ふによりて、辺地に生じて疑《うたが》ひの罪をつぐのひてのち、報土のさとりをひらくとこそ、うけたまはり候へ。信心の行者すくなきゆへに、化土《けど》におほくすすめいれられ候ふを、つひにむなしくなるべしと候ふなるこそ、如来に虚妄《こもう》を申しつけまひらせられ候ふなれ。

【解説】

本章のテーマは「辺地往生」です。辺地とは浄土の中でも中心から遠い辺鄙《へんぴ》なところのこと。異義者は、そこにしか生まれることのできなかった者は、最終的には地獄行きだと、同じ阿弥陀さまの請願を信じて歩む人々の不安を煽《あお》るのです。浄土教の救済原理はあらためていうまでもなく、苦しみと悩みに満ちたこの現世を離れ、真理が具現する浄土へ往生し、そこで悟りを開いて、成仏するということです。

親鸞《しんらん》聖人は、その途中つまり浄土のほとりに辺地を設けたのです。本章では、辺地に生まれ変わった人たちは、その疑いの罪を償ったのちに、あらためて真実の浄土に往生することができる、と述べられています。辺地に生まれ変わった人たちとは、阿弥陀さまの本願を信じ切れずに、疑心に走り、あくせく自力での努力を重ねざるを得なかった人々のことで、第十一章以下のさまざまな異義者たちも、多分ここからもれることのないくらい広大な阿弥陀さまの大慈悲の御心《みこころ》が生み出した一種の煉獄《れんごく》のようなものです。

どうしても自分の信心が定まらず、地獄を恐れている異義者が、辺地に落ちた者は結局は地獄に落ちるしかないのだ、と言いふらしたようですが、それでは何のために阿弥陀さまが、わざわざ辺地という中間世界をつくり出したのかわかりません。なぜなら、もともと阿弥陀さまは人を救う存在であり、人を落とすためにおられるのではないのですから。

本章でも唯円は、異義を称《とな》える連中は一体経典や注釈書など、どう読んでいるのだといい、「信心かけたる行者は、本願を疑ふによりて、辺地に生じて疑ひの罪をつぐのひてのち、報土のさとりをひらく」のだと承《うけたまわ》っているというのです。

それによれば、辺地とはあくまで「疑ひの罪をつぐ」なう場所、つまり本願を信じ切れなかった人が、その疑ってしまったことを償う場所です。そして、「償う」も阿弥陀さまの光の中で、いままでの疑いの心がすっかり晴れていくのです。そのとき、その人はすでに辺地（仮土）を離れ、本当の浄土（実報土）に生まれ変わっているというのが、親鸞聖人の思想の中核をなしているのです。

したがって、阿弥陀さまの大慈悲から生み出された辺地・仮土も、あくまで阿弥陀さまに救い取られたのであって、決してただ疑った者が勝手に落ちていく場所ではありません。阿弥陀さまはあくまで私たち衆生にマイナスではなく、プラスをもたらす仏さまなのです。

仏教でよく「方便《ほうべん》」という言葉が使われますが、それは私たちが日常「嘘も方便」などといっているのとはまったく異なり、私たちを真実に近づける手段といってよいものです。つまり、真実そのものからは永久に隔絶《かくぜつ》されている私たち人間に、この宇宙には「真実」があるのだと示唆《しさ》するのが「方便」ということなのです。

本当に真実なるもの、絶対の真理というものは、私たち人間そのものに即して存在するものであり、とらえることはできません。とらえることができなくても、確かにあると確信できる。そこで初めて阿弥陀さまへの信仰も成立し、仏教という宗教もおこってくるわけです。

阿弥陀さまも浄土も真実である以上、私たちが摑《つか》み取ることは土台無理です。経典の言葉やイメージを通して感じ取るしかありません。方便に姿や形を超えた究極的な真理が、衆生を救うために姿・形をとること、という定義がある所以《ゆえん》です。

つまり、阿弥陀さまも浄土も無形無色だとしたら、私たちには取りつく島がありません。それでは人間に救いは成り立ちませんから、方便としての阿弥陀さまが、いわば、無形なる浄土を有形に表現したものが、辺地すなわち方便の浄土というわけです。

ただ誤解してはならないのは、経典など先人たちの言葉を通して、阿弥陀さまや浄土を実感できたとしても、私たちがもとより真実から隔絶された存在である以上、その実感したものも、決して真実ではありません。むしろ、こういうべきでしょう。真実でないと考えるはたらきこそが、本当の真実だと。

第十八章　御利益信仰を超えて

仏教では、寺や僧侶に差し出す金品の額に応じて、大きな仏にもなり、小さな仏にもなるなどということは、まったく奇妙きてれつ、不合理極まりないことです。

何よりもまず、仏さまに大きいとか小さいとかいったことを決めること自体、あってはならないことではないでしょうか。確かに経典には、あの極楽浄土の教主である阿弥陀《あみだ》さまの体の大きさが説かれてはおりますが、本来それは色も形もない真実の仏身を、私たち衆生が感じられるように、仮のお姿を表現したまでです。

真実の悟りを開いた仏は、長い、短い、四角い、円いといった形や、青、黄、赤、白、黒といった色を離れたものですから、どうして大小を定めることができるでしょうか。

念仏を称《とな》えると、私たちは仏の仮の姿を見ることができ、念仏を大声で称えると大きな仏を見、小さな声だと小さな仏を見る、という文句はこじつけて主張されているのでしょうか。

他方では、この布施の行為は仏教では重んじられておりますが、どれほど財宝を仏前に投じ、師匠である僧侶に施したからといっても、あるいは、たとえ紙一枚、半銭のお金を差し出さなくても、他力にすべてを任せ、信心が深ければ、それこそ阿弥陀さまの本願の心に沿うものです。

冒頭に述べた説は、すべて仏法にかこつけて、俗世間の欲望によって、このようにともに念仏の道を歩む人々をおどかすものなのでしょうか。

【原文】

仏法のかたに施入物《せにゅうもつ》の多少にしたがつて、大小仏になるべしといふこと。この条《じょう》、不可説なり、不可説なり。比興《ひきょう》のことなり。

まず仏に大小の分量を定めんこと、あるべからず候ふか。かの安養浄土の教主（阿弥陀仏）の御身量《ごしんりょう》を説かれて候ふも、それは方便報身のかたちなり。法性のさとりをひらいて、長短方円のかたちにもあらず、青黄赤白黒《しょうおうしゃくびゃくこく》のいろをもはなれなば、なにをもつてか大小を定むべきや。念仏申すに、化仏《けぶつ》をみたてまつるといふことの候ふなるこそ、「大念には大仏を見、小念には小仏を見る（大集経・意）」といへるか。もしこのことわりなんどにばし、ひきかけられ候ふやらん。かつはまた檀波羅蜜《だんばらみつ》の行ともいひつべし、いかに宝物を仏前にもなげ、師匠にも施すとも、信心かけなばその詮《せん》なし。一紙半銭《いっしはんせん》も仏法のかたに入れずとも、他力にこころをなげて、信心ふかくば、それこそ願の本意にて候はめ。すべて仏法にことをよせて、世間の欲心もあるゆへに、同朋《どうぼう》をいひおどさるるにや。

【解説】

本章は信仰と布施の関係を扱った一章です。信仰も何らかの教団によって維持されざるを得ませんが、ここでは浄土真宗にも教団形成時におこってきた問題に焦点を当てています。

それにしても「寺や僧侶に差し出す金品の額に応じて、大きな仏にもなり、小さな仏にもなる」とはあまりにも露骨《ろこつ》な表現ではないでしょうか。

前章でも述べたようにすべての真理＝仏は姿・形を超えた無形のはずです。それにもかかわらず「かの安養浄土の教主」すなわち阿弥陀さまの体の大きさが経典に説かれているのは、単なる無形・無相では衆生にとって取りつく島がないからであり、それはあくまで「方便報身」すなわち、私たち衆生が感じられる形で比喩《ひゆ》的に表現されたにすぎません。

もとより、本当の悟りを開いた仏は「長い、短い、四角い、円いといった形や、青、黄、赤、白、黒といった色を離れ」ているのですから、どうして大小などはかることができるでしょうか。おそらく、この背景には当時盛んに描かれた「来《らい》迎図《ごうず》」の影響もあるのでしょうか。民衆を教導するには、言葉よりも絵のほうが説得力がありますが、臨終の人を迎えに来る聖衆《しょうじゅ》の絵画では、阿弥陀さまを中心にして、周辺に行くに従って小さくなっております。

そこから、布施の大小があたかも悟りの大小を象徴する仏の大小につながっていったのかもしれませんが、そもそも六波羅蜜《ろくはらみつ》という大乗《だいじょう》仏教の修行の一つである布施も、仏前に金品を施すことで、何らかの利益《りやく》を得ようとするのであれば、仏法そのものの精神に反するものでしかありません。

中には、この世において少ししかお布施をしていないと浄土での肩身が狭く、隅のほうで小さくなっていなければいけませんが、奮発して百万円も寄付すると、浄土ではぶりがきくという説もあります。こうした説は冗談としては面白いかもしれませんが、これもまた善因善果、悪因悪果の一種で、見返りが前提になっている以上、仏法に違背《いはい》することはいうまでもありません。

これまで見てきたように、『歎異抄』は、常に救いの要件を「信」以外には見ないという姿勢で一貫しています。唯円の歎異の対象も、ただただ救いの要件を、私たち衆生がどうにかしてつくり出せるかのように錯覚《さっかく》していることに向けられており、その軸足はぴくりとも動きません。

布施とは、本来「喜捨」すなわち、「喜んで捨てることは、そのまま仏さまにすべてをお任せいたします」ということにほかなりません。それを、提供する金品の額がやがては往生のみならず、往生後の位置づけまでも決定するかもしれないというのは、この世の価値が浄土の価値を左右することを意味し、これではこの世で自分の弱さ、愚かさ、貧しさに泣く人間は永遠に救われません。

　原文の後半にある「いかに宝物を仏前にもなげ」と「他力にこころをなげて、信心ふかくば」の「なげて」は、言葉は同じでも、方向性がまったく違うことに注目しなければなりません。「宝物」は差し出すしかないでしょうが、「他力のこころをなげる」とは、それと同じでしょうか。

「他力にこころをなげ」るとは、「南無」すなわち、すべてを任せることです。しかし、私はここにもっと深い意味を感じます。お任せするとか、身をゆだねるというのは、単なる私たちの日常の、いわゆる依頼心とは似て非なるものだと思えるからです。

　むしろ、私はこの「なげる」に、阿弥陀さまに対する依頼心をすら、投げ捨てる覚悟を感じます。そのとき「任せる」という表現は、よく依頼心と誤解されて、自分でどうにもならないから阿弥陀さまに依存するという私たちの心と考えられています。

　でも、本当に「なげ」切れたら、信じ切れたら、そのときは、親鸞聖人のいうように、私たちは如来等同つまり阿弥陀さまと同じ大安心の境位に遊んでいるというのです。とすれば、阿弥陀さまにすら依存しないのが、本当の「任せる」ということなのかもしれません。

後　序　私一人のための本願

右にあげた『歎異抄』後半第八章の一つひとつは、すべてみな信心が一つでないことから生ずるものでありましょうか。

いまは亡き親鸞《しんらん》聖人は、かつて次のようなお話をされておりました。法《ほう》然《ねん》聖人がまだご在世のころ、お弟子はたくさんおられましたが、法然聖人と同じ信心に生きる方はわずかしかおられなかったので、親鸞聖人と同門の方々との間で、一つの論争がおこったことがありました。

その発端は、「私、善信《ぜんしん》（親鸞）の信心も、法然聖人の信心も一つであって、まったく同じであります」と親鸞聖人が仰せられたところ、勢観房《せいかんぼう》とか念仏《ねんぶつ》房などの同門の方々が、意外なほどに語気を強めて、「どうしてあの勢至菩薩《せいしぼさつ》の生まれ変わりとされる法然聖人の信心と、お前のような者の信心が同じであるはずがあろうか」とおっしゃいました。親鸞聖人は、「法然聖人の智恵や才能があのように広く優れておりますのに、それと私が同じだというのならば、それこそまったく心得違いというものでありましょう。しかし、浄土往生についての信心ということでありますれば、まったく異なることはなく、一つのものです」とお答えになりました。

しかし、それでもなお、どうしてそんなことがいえるのか、と疑い、親鸞聖人を責める言葉が相次ぎましたので、結局これでは法然聖人のご面前で、どちらが正しいかを決めていただくしかないということで、その論争の次第を申し上げましたところ、法然聖人が仰せられるには、「この源空《げんくう》（法然）の信心も阿弥陀さまから賜った信心、善信房（親鸞）の信心も阿弥陀さまから賜った信心である。だから、まったくそれは一つであり、何ら変わるものではない。それとは別の信心を持っている人は、この源空が参ろうとしている浄土には決して行かれないであろう」ということでございました。

そう考えますと、いまひたすら念仏を称《とな》えている人々の中にも、親鸞聖人のご信心と同じでない方もあるのではないかと思われます。これまで述べてきたことは、どれもみな同じことの繰り返しではありますが、ここに書き記してみました。

私の露《つゆ》のようにはかないいのちが、枯れ草のようなこの身にわずかに残りとどまっている間ならば、ともに同じ信心の道を歩いてこられた方々の疑問を伺い、親鸞聖人が自ら語られた教えのご趣旨などもお聞かせすることもできましょう。しかし、この私が死んでしまったのちは、さぞかし、さまざまな異義邪説が乱れ飛ぶのではないかと歎《なげ》かわしく思い、このようなことを書き記した次第です。

もし、私がこれまで申し上げましたような異説を主張している人々の中にあって、迷うようなときには、いまは亡き親鸞聖人のお心にかなって生前愛読された聖教の文章などを、じっくりとご覧くださるがよいでしょう。だいたい、聖教には、真実がそのまま説かれたところと、その真実に導くために方便として仮に説かれたところとが混じり合っています。その中から方便のものを捨て、真実の教えだけを用いるのが、聖人のご本意にかなうことなのです。十分心して聖教をお読みになり、真実の教えを、方便のための仮の教えと混同するようなことがあってはなりません。そこで、この聖教の中から真実の証拠となる文章などを少しばかり書き抜いて、この書に添えさせていただいたのです。

親鸞聖人は、「阿弥陀さまが五劫《ごこう》という気の遠くなるような間、一所懸命に熟慮《じゅくりょ》されて、考え出された誓願《せいがん》をよくよく考えてみると、それはまったくこの親鸞ただ一人のためであったのだ。思えば、数知れない罪業《ざいごう》を背負ったこの身であるのに、その罪深い私を助けようと思い立ってくださった阿弥陀さまの本願のなんとありがたいことか」と、つねづねおっしゃっていました。そのお言葉をいま一度思い返してみると、かの善導大師《ぜんどうたいし》のいわれた「わが身は、いま現に罪多く、生死に迷った凡夫《ぼんぶ》であり、無限に遠い過去から、この欲望と苦しみの海に沈み、常に生と死の迷いの中に流転していて、この迷いの世界から抜け出る頼りのないわが身であることを思い知れ」という、あの不滅の尊いお言葉と少しも違ってはいないのです。

こうしてみると、もったいないことに、（親鸞）聖人のお言葉は、ご自身の身を通して、私たちが自分の罪深いことを知らず、それでもなおこの罪深い自分を救ってくださる阿弥陀さまのご恩の深さも知らずに迷ってい るのを、思い知らせようとするためだったのです。

それなのに、まことに私たちは阿弥陀さまのご恩などまったく意に介さず、誰も彼も、ただ自分の考えで善悪を言い合っているのです。

これに対して、また親鸞聖人は「私には、何が善であり、何が悪であるのかなど、まったくわからない。何となれば、阿弥陀さまが御心にて〝善い〟とお思いになるほどに善をよくわかっているのなら、私も善を理解しているといえ、やはり阿弥陀さまが〝悪い〟とお思いになるほどに悪をよくわかっているなら、私も悪を理解しているといえましょうが、あらゆる煩悩《ぼんのう》がぎっしりと詰まっているのが私であり、しかも私が住む世界はまるで燃えさかる家のように無常の世界で、あらゆる物事は、すべてみな偽りであり、ばかばかしいことであって、何一つ真実はありません。真実はただ一つ、南無阿弥陀仏しかないのです」と仰せになりました。

実際、私もほかの人も、空疎な議論を交わしている中で、一つまことに歎かわしいことがあります。それというのは、念仏することについて、信心のありようを人に説き聞かせたりするときに、相手の発言を封じて論争に勝とうとして、親鸞聖人のお言葉にないことまでも、これぞ聖人のお言葉であると主張なさる方がいます。これはまったく情けなく、歎かわしいことであります。このことはよくよくお考えになって、心に深く刻んでいただかねばなりません。

以上のことは、親鸞聖人が自ら語られたことであり、私の勝手な言葉ではありませんが、経典やその注釈に書かれているその筋道も知らず、教義の深い浅いの判別すら理解しておりませんので、ここに書き記したものの中には、きっと愚《おろ》かしいこともありましょうが、故親鸞聖人の語られた教えの百分の一、ほんの一端だけでも、思い出して、ここに書きつけた次第です。

まことに悲しいことではありませんか。幸運にも念仏に励みながら、ただちに真実の浄土に往生せずに、方便の辺地にとどまってしまうということは。同じ念仏の道を歩む人たちの中で、信心が異なってしまうことがないように、泣く泣く筆をとって、これを記したのです。名づけて『歎異抄』といいましょう。むやみに人に見せてはなりません。

【原文】

右条々《じょうじょう》は、みなもつて信心のことなるより、ことおこり候ふか。故聖人（親鸞）の御《おん》物語に、法然聖人の御《おん》とき、御《おん》弟子そのかずおはしけるなかに、おなじく御《ご》信心のひともすくなくおはしけるにこそ、親鸞、御同朋《ごどうぼう》の御《おん》なかにして御《ご》相論のこと候ひけり。そのゆへは、「善信（親鸞）が信心も聖人（法然）の御信心も一つなり」と仰せの候ひければ、勢観房《せいかんぼう》・念仏房《ねんぶつぼう》なんど申す御同朋達、もつてのほかにあらそひたまひて、「いかでか聖人の御信心に善信房の信心、一つにはあるべきぞ」と候ひければ、「聖人の御智慧《おんちえ》・才覚ひろくおはしますに、一つならんと申さばこそひがごとならめ。往生の信心においては、まったく異なることなし。ただ一つなり」と御返答ありけれども、なほ「いかでかその義あらん」といふ疑難《ぎなん》ありければ、詮《せん》ずるところ、聖人の御まへにて自他の是非を定むべきにて、この子細《しさい》を申しあげければ、法然聖人の仰せには、「源空《げんくう》が信心も如来よりたまはりたる信心なり。善信房の信心も、如来よりたまはらせたまひたる信心なり。されば、ただ一つなり。別の信心にておはしまさんひとは、源空がまいらんずる浄土へは、よもまひらせたまひ候はじ」と仰せ候ひしかば、当時の一向専修のひとびとのなかにも、親鸞の御信心に一つならぬ御ことも候ふらんとおぼえ候ふ。いづれもいづれも繰《く》り言《ごと》にて候へども、書きつけ候ふなり。露命《ろめい》わづかに枯草《こそう》の身にかかりて候ふほどにこそ、あひともなはしめたまふひとびと、御不審《ごふしん》をもうけたまはり、聖人（親鸞）の仰せの候ひし趣をも申しきかせまいらせ候へども、閉眼ののちは、さこそしどけなきことどもにて候はんずらめと、歎き存じ候ひて、かくのごとくの義ども、仰せられあひ候ふひとびとにも、いひまよはされなんどせらるることの候はんときは、故聖人（親鸞）の御こころにあひかなひて御もちい候ふ御聖教どもを、よくよく御覧候ふべし。おほよそ聖教には、真実・権仮《ごんげ》ともにあひまじはり候ふなり。権《ごん》をすてて実をとり、仮《け》をさしおきて真《しん》をもちいるこそ、聖人（親鸞）の御本意にて候へ。かまへてかまへて、聖教をみみだらせたまふまじく候ふ。大切の証文《しょうもん》ども、少々ぬきいでまひらせ候ふて、目やすにして、この書に添へまひらせて候ふなり。聖人（親鸞）のつねの仰せには、「弥陀《みだ》の五《ご》劫思惟《こうしゆい》の願をよくよく案ずれば、ひとへに親鸞一人《いちにん》がためなりけり。されば、それほどの業《ごう》をもちける身にてありけるを、たすけんとおぼしめしたちける本願のかたじけなさよ」と御述懐《ごじゅっかい》候ひしことを、いままた案ずるに、善導《ぜんどう》の「自身はこれ現に罪悪生死の凡夫、曠劫《こうごう》よりこのかた、つねにしづみ、つねに流転《るてん》して、出《しゅつ》離《り》の縁あることなき身としれ（散善義）」といふ金言《きんげん》に、すこしもたがはせおはしまさず。さればかたじけなく、わが御身にひきかけて、われらが身の罪悪のふかきほどをもしらず、如来の御恩のたかきことをもしらずして迷へるを、おもひしらせんがためにて候ひけり。まことに如来の御恩といふことをば沙汰《さた》なくして、われもひとも、よしあしといふことをのみ申しあへり。聖人の仰せには、「善悪のふたつ、総じてもつて存知せざるなり。そのゆへは、如来の御こころに善しとおぼしめすほどに、しりとをしたらばこそ、善きをしりたるにてもあらめ、如来の悪しとおぼしめすほどに、しりとほしたらばこそ、悪しさをしりたるにてもあらめど、煩悩具足《ぼんのうぐそく》の凡夫、火宅無常《かたくむじょう》の世界は、よろづのこと、みなもつてそらごとたはこと、まことあることなきに、ただ念仏のみぞまことにておはします」とこそ仰せは候ひしか。まことに、われもひとも、そらごとをのみ申しあひ候ふなかに、ひとついたましきことの候ふなり。そのゆへは、念仏申すについて、信心の趣をもたがひに問答し、ひとにもいひきかするとき、ひとの口をふさぎ、相論をたたんがために、まつたく仰せにてなきことをも仰せとのみ申すこと、あさましく歎き存じ候ふなり。このむねをよくよくおもひとき、こころえらるべきことに候ふ。これさらにわたくしのことばにあらずといへども、経釈《きょうしゃく》の往《ゆ》く路《じ》もしらず、法文《ほうもん》の浅深《せんじん》をこころへわけたることも候はねば、さだめてをかしきことにてこそ候はめども、故親鸞の仰せごと候ひし趣、百分が一つ、かたはしばかりをもおもひいでまひらせて、書きつけ候ふなり。かなしきかなや、さひはひに念仏しながら、直《ただち》に報土にむまれずして、辺地に宿《やど》をとらんこと。一室の行者のなかに、

信心異なることなからんために、なくなく筆を染めてこれをしるす。なづけて『歎異抄』といふべし。外見あるべからず。

【解説】

本章は、これまでの各章を総括《そうかつ》する意味をもって書かれており、「後序」といわれています。ここで一つの円環は終わりますが、それはまたもとに返って「前序」につながり、阿弥陀さまの本願に対する信仰が、一つの円環を閉じるごとに深まっていくというように仕組まれている、といってよいでしょう。

唯円によれば、これまであげられてきたさまざまな異義邪説は、どれも阿弥陀さまに対する真実の信心からの逸脱《いつだつ》から生じたもの、ということになります。しかも、それは彼の勝手な思い込みではなく、親鸞聖人やその師・法然聖人と同一の信心なのだということを証明するものとして掲げられているのが、冒頭の「故聖人の御ものがたり」です。

比叡山を下りた法然聖人が京都東山の吉水に開いた草庵《そうあん》に、親鸞聖人が六角堂で百日参籠《さんろう》したのちに入門します。その法然門下にあったときの、他の門弟たちと聖人との間に生じた「御相論」のエピソード。高弟たちですら、その信心の深浅《しんせん》を、その人の持つ地位や教養の高低によって差別している様子がありありと描かれております。

論争の決着は、結局法然聖人に託されますが、聖人のお答えはあまりにも明快です。「この源空（法然）の信心も阿弥陀さまから賜った信心、善信房（親鸞）の信心も阿弥陀さまから賜った信心である。だから、まったくそれは一つであり、何ら変わるものではない」。つまり、信心も念仏もすべて阿弥陀さまからの賜りものであって、決して私たちが努力してつくり出したものでないとすれば、そこに相違が生ずるはずはありません。

この原理があまりにも単純すぎて、ことを難しくしながら、自力的に生きていた当時のエリート門弟たちには、なかなか腑《ふ》に落ちなかったようです。本来賜りものである信心を私物化するばかりか、それに等級をつけるという彼らの愚行は、そこから出てきているといってよいでしょう。

「後序」の中ほどには、親鸞聖人の「おおせ」が二つ置かれておりますが、この二つが本章のポイントをなし、唯円は『歎異抄』を閉じるにあたり、あらためて聖人ご自身の言葉を援用することで、これまで述べてきた本願念仏の本質についての、おさらいをしようとしているように思えます。

その一つ目は、有名な「阿弥陀さまが五劫という気の遠くなるような間、一所懸命に熟慮されて、考え出された誓願をよくよく考えてみると、それはまったくこの親鸞ただ一人のためであったのだ。思えば、数知れない罪業を背負ったこの身であるのに、その罪深い私を助けようと思い立ってくださった阿弥陀さまの本願のなんとありがたいことか」という言葉。ここには、「罪深い」親鸞聖人の南無と、そういう人間を「助けようと思い立った」阿弥陀さまの本願が、不二一体となっています。

このような、自分の限りなき悪業への深い確信（機の深信）と、そのような自分のためにこそ、阿弥陀さまは本願を立ててくださったのだという深い確信（法の深信）、この二つを浄土教では、「二種深信」といいます。

その二種の一つは、「機の深信」といわれ、右の言葉の直後に引用されている善導の言葉、「自身はこれ現に罪悪生死の凡夫、曠劫《こうごう》よりこのかた、つねにしずみ、つねに流転して、出離の縁あることなき身としれ」という、私たち凡夫の

「罪悪深重、煩悩熾盛《しじょう》」の深い確信をいいます。

その二つ目は「法の深信」といわれ、本章には引用されておりませんが、やはり善導の「かの阿弥陀仏の四十八願は衆生を摂受《しょうじゅ》して、疑いなく慮《おもんぱか》りなくかの願力に乗じて、定んで往生を得と信ず」というもの。

「機の深信」とは、昔から迷いの世界に生まれ変わりを繰り返して、どうにも救いの出口がないと信ぜよ、というのですから、人間の絶望的状況を表現しています。そのどん底に手を差しのべてくれるのが、そういう私たちをこそ救わずにはおかない、とする阿弥陀さまの本願です。それを深く信ぜよ、というのが「法の深信」ということになります。

しかし、この二種の深信も、まず私たちの絶望があって、初めて阿弥陀さまの救いの御力が現れてくると考える必要は必ずしもありません。曽我量深《そがりょうじん》師にいうように、「二種深信といっても、二つならべるものではなく、もとは法より機を開き、機の中に法をおさめた」もので、まったく救いの手だてがないという自分に深くうなずくのは、阿弥陀さまの慈悲の光の中でのことだからです。

「機の深信」が生まれてくるのも、「法の深信」に裏打ちされているからで、阿弥陀さまの本願が、最も救いから遠い存在（親鸞一人）をこそ救おうとするものである以上、それは当然といってよいでしょう。この意味で「機の深信」と、「法の深信」は、同時で、しかも一体であるということができると思います。

よく「親鸞一人がため」という言葉を、聖人が阿弥陀さまの本願を独り占めにし、自分を選民に位置づけているのではないか、という疑問を耳にしますが、それは明らかに愚問《ぐもん》です。「親鸞一人」の「親鸞」を、それぞれご自分のお名前に置き換えて読んでみればよいのです。いままで他人事《ひとごと》のように感じていたものが、「何だ、私のためだったのか」と、少しはありがたく感じられないでしょうか。

それは決して親鸞聖人ご自身だけの個人的救済に終始するものではありません。第二章にあったように、「地獄一定すみかぞかし（地獄以外に私の行き場はないのです）」という深信から生まれた「親鸞一人のため」の深信の背後には、自分のような「罪悪深重、煩悩熾盛」の輩《やから》ですら救われたのだから、この世に救われない者は一人もいない、というもう一つの深信があるのです。

そもそも、親鸞聖人の以上のような深い認識も、もとより自己認識などとは比較にならない阿弥陀さまの大慈悲から発せられたものですので、阿弥陀さまによる聖人の絶対肯定は、そのまま私たち一切衆生の絶対肯定（救済）にほかならず、ここでも自利はそのまま利他という大乗仏教の精神を具現しているのです。

さて、もう一つの「聖人のおおせ」についても、一言申し上げておきましょう。「善悪のふたつ、総じてもつて存知せざるなり（何が善であり、何が悪であるかまったくわからない）」と聖人は仰せられます。無論、これは日常生活におけるあれこれの善悪がわからないといっているのではありません。

人間世界の善悪や常識は条件や時代によってガラッと変わります。ここには、先に述べた道徳・倫理と宗教との壁が横たわっております。その対比は聖人の「煩悩具足の凡夫、火宅無常の世界は、よろづのこと、みなもつてそらごとたはごと、まことあることなきに、ただ念仏のみぞまことにておはします」に明らかです。

ここで聖人がいわれていることは、日常のしきたりや善悪はよく知っているけれど、そのような人間領域の存立基盤ともいえるべきことはまったく知らないということ。如来とは本来絶対性を表しますが、それを知ることは人間を超えており、私たちは日々、条件つきの善悪に沿って生きているにすぎません。

したがって、『歎異抄』を読むときには、他の書物と違って、私たちの視点の転換が必要となります。ただ「南無阿弥陀仏」のみが真実という視点から世の中すべてを見直すこと。その視点から見たとき、私たちに見えてくるのは、人間の我欲によるはからいの愚かさ、醜《みにく》さ、いやしさばかりです。

そして、そのようにしか生きられない人間のあり方を歎いているのも、実は唯円ではなく、阿弥陀さまであって、私たちも「南無阿弥陀仏」の一声の現場において、阿弥陀さまに同化し、自分の煩悩の深さと、そういう自分にこそ手を差しのべてくださる阿弥陀さまの慈悲に触れることができるのです。

どこまでいっても、人間の心はだめ。しかし、そのだめだということに気がつけば、だめなままの自分に救いが訪れるのです。私たちが歎いても努力しても、それによって救われることはありません。ただ精一杯生き抜く力を、私たちは「南無阿弥陀仏」から得ればよいのです。

付　録　**流罪記録**

後鳥羽院《ごとばいん》のご治世のころでありましたが、法然《ほうねん》聖人は他力本願を旨とする念仏宗をおこされました。そのとき、奈良の興福寺《こうふくじ》の僧侶たちが、この念仏宗を仏法の敵として、奏状《そうじょう》をもって朝廷に上訴《じょうそ》しました。その際、法然の門下に悪逆無道な振る舞いをした者があるという事実無根のうわさによって、罪に処せられ、処罰された人々の面々は次のとおりであります。

一、法然聖人とその弟子たち七名は流罪《るざい》。また、四名の弟子たちが死刑に処せられました。法然聖人は、土佐の国の幡田《はた》というところへの流罪。罪人としての名前は、藤井元彦男《ふじいもとひこおとこ》とされ、年齢は七十六歳でした。

親鸞《しんらん》は越後の国へ流罪。罪人としての名前は藤井善信《よしざね》とされ、時に三十五歳。

その他、浄聞房《じょうもんぼう》は備後《びんご》の国、澄西禅光房《ちょうさいぜんこうぼう》は伯耆《ほうき》の国、好覚房《こうかくぼう》は伊豆の国、行空法本房《ぎょうくうほうほんぼう》は佐渡の国へ流罪。幸西浄覚房《こうさいじょうかくぼう》と善恵房《ぜんえぼう》の二人は、同様に流罪が決まりましたが、無動寺の善題《ぜんだい》大僧正が申し出て、この二人を預かることになったということです。流罪に処せられたのは以上八名。

死罪に処せられた人々は

一番　西意善綽房《さいいぜんしゃくぼう》

二番　性願房《しょうがんぼう》

三番　住蓮房《じゅうれんぼう》

四番　安楽房《あんらくぼう》

これは、二位の法印《ほういん》であった尊長《そんちょう》の裁定でありました。

越後に流された親鸞は、僧侶の身分を捨てさせられて、罪人としての名前を与えられたので、もはや僧侶でもなく、俗人でもなくなりました。それで、禿《とく》という字をもって姓とすることを朝廷に申し出て許可を得たのです。その申し状はいまも外記庁《げきちょう》におさめられているとのこと。流罪の後は、愚禿《ぐとく》親鸞とご自分の名前をお書きになりました。

奥書

右の、この『歎異抄』という聖教は、わが念仏一門にとって大切な聖典であるが、前世からの善根のない者には、みだりに見せてはなりません。

釈蓮如《しゃくれんにょ》（花押）

【原文】

後鳥羽院《ごとばいん》の御宇《ぎょう》、法然《ほうねん》聖人、他力本願念仏宗を興行す。ときに、興福寺《こうふくじ》僧侶、敵奏のうへ、御弟子のうち、狼籍子細《ろうぜきしさい》あるよし、無実の風聞によりて罪科《ざいか》に処せらるる人数のこと。

一　法然聖人ならびに御《おん》弟子七人、流罪《るざい》。また御弟子四人、死罪におこなはるるなり。聖人（法然）は土佐国番多《はた》という所へ流罪、罪名《ざいみょう》、藤井元彦男《ふじいもとひこおとこ》云々《うんぬん》、生年《しょうねん》七十六歳なり。親鸞《しんらん》は越後国、罪名、藤井善信《よしざね》云々、生年三十五歳なり。浄聞房《じょうもんぼう》備後国、澄西禅光房《ちょうさいぜんこうぼう》伯耆国、好覚房《こうかくぼう》伊豆国、行空法本房《ぎょうくうほうほんぼう》佐渡国、幸西成《こうさいじょう》覚房《かくぼう》・善恵房《ぜんえぼう》二人、同じく遠流に定まる。しかるに無動寺《むどうじ》の善題大僧正《ぜんだいだいそうじょう》、これを申しあづかると云々。遠流の人々。以上八人なりと云々。

死罪に行はるる人々。

一番　西意善綽房《さいいぜんしゃくぼう》

二番　性願房《しょうがんぼう》

三番　住蓮房《じゅうれんぼう》

四番　安楽房《あんらくぼう》

二位法印尊長《ほういんそんちょう》の沙汰《さた》なり。

親鸞、僧儀《そうぎ》を改めて、俗名《ぞくみょう》を賜ふ。よつて僧にあらず俗にあらず、しかるあひだ、禿《とく》の字をもつて姓となして、奏聞《そうもん》を経られをはんぬ。かの御申《おんもう》し状、いまに外記庁《げきちょう》に納まると云々。流罪以後、愚禿《ぐとく》親鸞と書かしめたまふなり。

奥書

右この聖教は、当流大事の聖教となすなり。無宿善《むしゅくぜん》の機においては、左右なく、これを許すべからざるものなり。

釈蓮如《しゃくれんにょ》（花押）

【解説】

末尾に付された法然一門の流罪記録についても触れておきましょう。先にも述べたように、法然聖人の念仏宗の人気が高まるにつれて、旧仏教各派からの弾圧・迫害は日ごとに激しさを増していきます。それはついに後鳥羽上皇による専修念仏の停止という事態に帰着することになります。

これを「承元《じょうげん》の法難」といいますが、その引き金となったのは、法然の弟子たちが邪淫《じゃいん》の罪など、さまざまな悪業に走ったというわさに発するものです。とかく、先に触れたような門徒たちの間には「本願ぼこり」が多々見受けられ、法然聖人は『七箇条起請文《しちかじょうきしょうもん》』を書いて、門弟たちに署名させて自粛を促したとありますが、ついに本章にあるような法難が降りかかったのです。

記録中、法然聖人たちが、罪人名を与えられて処罰されたとありますが、これは「還俗《げんぞく》」させないと僧侶を裁くことができないという、当時の僧尼令《そうにりょう》に従ったものです。おそらく、僧侶は聖なる存在だから、僧籍のまま裁くと、世俗権力に罰《ばち》が当たるという考えから、改名させて俗世界へ連れ戻した上で裁く、という習慣が生まれたものと考えられます。

法難以後、残された法然聖人の門弟たちは、聖人の教えを当時の道徳と妥協《だきょう》させる方向に転回させようとしましたが、親鸞聖人はまったく違います。多分、肉《にく》食妻帯《じきさいたい》など当時の悪事のゆえに流罪になったのでしょうが、なおかつ彼は常識・道徳のいうところの悪業を悪業と認めず、自ら「愚禿親鸞」、いわばヤクザ親鸞と名乗って、最後まで反抗の姿勢を崩しませんでした。

それは、親鸞の宗教がもともと、世俗的価値とその善悪の基準を超越していたからであるといってよいでしょう。仏の道と人の道は明らかに違います。『歎異抄』の後半は、おそらく、ますます道徳化して、世俗的価値が世を席巻していく時代を反映しているといってよいでしょう。

親鸞聖人に心から師事した唯円にしてみれば、もし聖人の信仰を道徳化したら、あのパラドックスに満ちた阿弥陀さまの本願念仏の信仰は消えてしまう、と思っていたに違いありません。

最後に蓮如による奥書についても一言触れておきましょう。この『歎異抄』が長く秘本として本願寺の文庫の奥深くに蔵《ぞう》されてきたのは、そこに含まれるアナーキーな宗教思想のためだったに違いありません。たとえば、親の追善《ついぜん》供養のための念仏を否定したり、布施を取ることも潔しとしない『歎異抄』に示される思想は、その本質を誤れば宗門の批判になり、教団の否定にもつながりかねないものだったからです。

解説――『歎異抄』と現代

金山秋男（訳者）

なぜ浄土教はインドや中国に定着しなかったのでしょうか。源信《げんしん》や法然《ほうねん》によって基礎が確立され、さらに親鸞《しんらん》や一遍《いっぺん》によって発展せしめられたのでしょうか。浄土教の根本原理はいのちの絶対平等ということですが、インドの階級社会（カースト）には、この原理は相応《ふさわ》しくなかったし、中国は儒教の考えが支配的であり、そこでは「人の道」が中心となり、人は何をすべきかというモラルの問題が強調されてくるのです。するると、権力を握って、人に施しをできる人間が英雄視され、能力や徳の低い末端の人々は結局悪人のままで終わってしまうということになります。

それが日本では、親鸞によって初めて、すべての人間が救われるという路線が確立されたといってよいでしょう。しかも親鸞は、末法の世のさまざまな矛盾の中へ踏み込んでいき、いのちの平等という原理を生活化するところまでいくのです。

親鸞が赦免《しゃめん》後、京都へは帰らず、二十年の長きにわたって関東にとどまり、それも茨城、栃木といった当時の不毛地帯で教化に励むというのは、末世の矛盾を最貧困層とともに抱え込むという下からの目線によるものであるといってよいでしょう。

そもそも生活苦の中で不当に差別された人々が救われずに、富める人、力ある人、善を積んだ人たちだけが救われるというような、既成の考えに真っ向から挑んだのが親鸞聖人なのです。聖人は矛盾をより多く抱え込んだ土地を足場にしながら、浄土真宗の原理を、具体的な社会の裏付けによって確立しました。それが絶対の阿弥陀さまの大慈悲によってのみすべての人は救われると信じて、そこにともに生かされている喜びを分かち合っていく、という報謝の念仏なのです。

しかし、人間中心主義という文明の驕《おご》りの結果として、いま地球はさまざまな病いを抱え込んでいます。つまり、現代の末法の世は、もはや日本だけの現象ではありません。人類が五千年前に始めた、文明そのものが、誤謬《ごびゅう》であったのかもしれません。文明の驕りの最たるものは、核の問題、環境の破壊、そして昨今の自殺や凶悪犯罪などの人心の荒廃といってよいでしょう。その規模と深刻さは鎌倉時代の末法の世とは比較にならないでしょう。

しかし、私はこれから先も『歎異抄』はますます読まれ続けられるのではないかと思います。文明の驕りが招いた社会的矛盾は、やはり原点に立ち戻って見直さねばならないと思うからです。

『歎異抄』には信仰のパラドックスが強く働いており、常識を覆すような言葉が繰り返し登場してきますが、それにもかかわらず、その語りは科学の時代に相応しく、はなはだ明晰《めいせき》であり、論理的でもあります。

さらにいえば、この『歎異抄』が現代に生きる私たちの心を魅了《みりょう》するのは、そこに親鸞という人間が見事なまでに描かれているからです。そこに描かれているのは生と死の間で、もうすっかり覚悟の決まった老人の姿であり、何とこの老宗教家は生き生きと活写されていることでしょう。常識や道徳を突き破り、不思議なパラドックスを自在に語り、難しい質問にも少しも動ぜず、相手の度肝《どぎも》を抜くような言葉を返しているのです。

その根底をなすのは、揺《ゆ》らぎもしない信仰心。その強烈な信仰心に私たちは魅《ひ》かれ、常にそこに立ち返る原点としてこれからも、この書の役割は他に類をみないものとなるでしょう。

『歎異抄』については、既に無数の優れた注釈書や説明書が書かれています。そこに私がさらにこの一書を付け加えるのは、親鸞聖人にある「柔軟心」とでもいうものを、できるだけ読みとり、かつそれを肩のこらない平易な文章で表現してみたいと思ったからです。

小難しい宗教書というより、ご自分の人生を省みる上でのよすがとしてお読みいただくことが、著者の願いであります。

最後になりましたが、本書の出版の機会を与えてくださいました、致知出版社社長藤尾秀昭氏、アップルシード・エージェンシー社長鬼塚忠氏に深い感謝を捧げます。『歎異抄』に関する書を世に問うことは、長年の私の夢だったからです。

平成二十五年二月吉日

〈訳者略歴〉
金山秋男（かねやま・あきお）
昭和23年、栃木県生まれ。東京大学大学院人文科学研究科博士課程単位取得退学。現在明治大学名誉教授。国際熊野学会副代表、一般社団法人「いのちの絆」理事長。オンライン講座「いのちの広場」、「智の梁山泊」主宰。専門は死生学、仏教民俗学、熊野学。明治大学死生学・基層文化研究所代表、明治大学野生の科学研究所副所長歴任。主な編著・共著に『古典にみる日本人の生と死』（笠間書院）、『「生と死」の図像学』、『人はなぜ旅に出るのか』、『「生と死」の東西文化史』（いずれも明治大学人文科学研究所）など。

歎異抄

平成二十五年二月十日第一刷発行
令和五年六月十日第五刷発行

訳者　金山　秋男
発行者　藤尾　秀昭
発行所　致知出版社
〒150-0001東京都渋谷区神宮前四の二十四の九
TEL（〇三）三七九六―二一一一
印刷　㈱ディグ　製本　難波製本
落丁・乱丁はお取替え致します。　（検印廃止）

ISBN978-4-88474-983-5 C0095
ホームページ　https://www.chichi.co.jp
Eメール　books@chichi.co.jp